# 三巡时光

我的巡回法庭记忆

最高人民法院
第三巡回法庭　／编

中国法制出版社
CHINA LEGAL PUBLISHING HOUSE

# 《三巡时光：我的巡回法庭记忆》编辑委员会

# 前言

PREFACE

最高人民法院设立巡回法庭，是以习近平同志为核心的党中央作出的重大司法改革部署，是推进全面依法治国、维护司法公正的重要举措。2016年12月28日，最高人民法院第三巡回法庭在江苏省南京市成立。自成立以来，第三巡回法庭认真贯彻落实党中央和院党组的各项重大决策部署，始终坚持以习近平新时代中国特色社会主义思想武装头脑、指导实践、推动工作，置身大局谋一域，立足华东地区充分发挥审判职能作用，各项工作运转良好，为经济社会持续健康发展作出积极贡献。

巡回法庭是司法改革的新兴产物。最高人民法院党组书记、院长周强明确提出，要把巡回法庭建设成为锻炼培养队伍的重要基地。三巡自成立伊始，即高度重视充分发挥巡回法庭的法治人才培养功能，努力将各位主审法官的专业能力、工作方法、司法经验等传递给巡回区各级地方法院，将最高人民法院的优质实践教学资源引入巡回区法学院校。为此，我们结合自身工作实际，进一步拓展人员交流培养范围，一是建立跟案培训机制，从江苏、浙江、上海、福建、江西等巡回区五省市法院的年轻法官、法官助理中选任法官助理，在三巡进行3-6个月的跟案培训；二是根据江西省高级人民法院的法官培训需求，以跟案培训方式为江西法院定向培养民商事审判法官，期间为6个月；三是与江苏省南京市中级人民法院共同推进跟案培训期间为6个月的“菁才计划”，为南京两级法院定向培养年轻骨干；四是与巡回区12所法学院校签署合作协议，接收法律实习生到庭进行为期6个月的实习。截至目前，巡回区各级法院共有62名法官、法官助理来我庭参与跟案培训，巡回区12所法学院校共有90名学生来我庭参加实习。期间，还有6名香港法律实习生在三巡进行了为期1个月的实习。大家在三巡这个大家庭里互帮互助、互通有无，教学相长、共同进步，既结下了深厚友谊，又提高了学识和技能。

本书中所收录的，就是两年来在第三巡回法庭工作、学习的法官助理、跟案培训人员、法律实习生以及部分干警的心得体会。在大家眼里，三巡既是改革前沿阵地、司法最高殿堂、理论交流平台，也不乏运动场上的挥汗如雨、活动室里的引吭高歌、小菜园中的生机盎然。不论来自哪里，大家都因这一段际遇而有了“三巡人”这一全新的身份；不论在三巡停留多久，在离开之际大家都充满了感悟和眷恋；不论未来去向何方，在回首之时总会有斯人斯事令大家会心一笑或模糊眼眶。

缘来共聚、终有一别，似水年华、拾光往新。汇编刊印本书，既是以年轻“三巡人”的回望视角向各界全方位展示年轻的第三巡回法庭，更镌刻着全庭干警对三巡的陪伴、呵护和奉献；既是对这一段或长或短的巡回经历的沉钩和拾遗，更承载着对各位“三巡人”未来的期许和希冀。在这中国特色社会主义法治事业日新月异，中华民族伟大复兴指日可待的宏大时代背景下，来自五湖四海的“三巡人”将在未来的旅程中，始终秉持“注重创新、追求卓越”的理念，不忘初心、砥砺奋进，将自己主动融入实现中国梦的伟大历史进程，为人民幸福和民族复兴贡献带有三巡印记的智慧和力量！



编者

2019年1月

# 目 录

CONTENTS

# 初　遇

# 缘系金陵

法官助理 夏根辉*

人们对于未知的探索总是充满好奇与满怀激情。生活正是因为时常的出乎意料而充满挑战，生活也会因为偶然的浪漫邂逅而精彩纷呈。几天前，还在首都的雾霾里埋头前行，几日后，已在金陵的烟雨中重抖精神。选调最高人民法院第三巡回法庭，让我与南京这座城市结下更深的缘分，给我此后的人生画下更好的一笔，使我对法律工作的认知站上了更高的阶梯。

## 南京情缘

“风雨潇潇，石头城下木兰桡。烟月迢迢，金陵渡口去来潮。”南京作为六朝古都、江南重镇，从来不乏浪漫与风流，

---

* 夏根辉：最高人民法院第三巡回法庭法官助理。原北京市第一中级人民法院助理审判员，2016 年 12 月至 2019 年 1 月借调至第三巡回法庭，任虞政平审判团队法官助理。本文写于 2017 年 1 月。

是多少文人骚客与才子佳人向往的地方。

自诩为半个文艺青年的我，对南京早有钟情，加上几位好友亦在南京，所以，8年前，即便远在北京上大学，本科毕业后还是千里迢迢来参加了江苏省公务员考试，报考单位——南京市浦口区人民检察院。

其实，考试仅仅是来南京的理由，重要的还是和好友相聚。于是，踏寻古迹，游走夫子庙，参拜总统府，在历史的记忆中感受南京的韵味；寄情山水，听钟栖霞山，泛舟秦淮河，在朦胧的烟雨中倾听南京的心声……那时候，便觉得自己喜欢上这座充满故事、饱含情怀的城市。几个月之后，公务员考试成绩公布，幸运的是我考了浦口区检察院笔试成绩的第一名，而不巧的是我考上研究生，所以只能放弃面试，与南京就这样擦肩而过。这一别，就意味着注定不会生活在南京了，留下一份淡淡的遗憾。当然我也时常安慰自己，笔试考得好，面试不一定能过，于是渐渐也就释然了。

虽然自诩为半个文艺青年，但其实也不是一个浪漫的人，至今没有带爱人去过什么地方旅行，只有为数不多的几个地方，南京就是其中之一，而且是在刚开始谈恋爱的时候。那时还在读研，假期找个地方出去旅游，毫不犹疑地选择了南京。南京的浪漫情怀与历史魅力深深地感动和吸引着我们，给我们留下了许多美好的回忆。

如今，已过而立之年，虽然还是长着一副稍显稚嫩的脸庞，但其实在单位已算老同志了，生活平静却肩负重托，工作平稳也略感疲惫，人生也许需要一些改变来增添格外的色彩。恰逢司法改革之历史机缘，有幸选调最高人民法院第三巡回法庭，来到南京，正好又在浦口，我觉得这是一种缘分，也是一种幸运。这次工作的转角，让我惊喜地遇见另外一种生活，生活在南京。

## 重要一课

“十里秦淮灯火灿，楼台亭榭绕河堤。笙歌浓酒盈朱雀，古籍奇珍满乌衣。肃穆庙中拜孔子，庄严院内偈贤耆。升平游人盛世醉，漫步棂星八绝奇。”南京流传着许多名人的典故，也有很多圣贤的传说，值得我们去承继与学习。这次从北京来到南京，就是来学习的，学习业务本领，学习人生知识，已经做好长期奋战、时刻学习的准备。不过，没想到学习中重要的一课来得有点快，也有点突然，但却收获满满。

法庭刚刚揭牌完成，就得到通知说下午要召开全体人员会议，江必新院长有些话要叮嘱我们。尽管对刚刚来到的地方还充满好奇，心情还没有平静，但能这么近距离、面对面地聆听江必新大法官的讲话，内心更加激动，精神也更加集中了。

三个多小时，会议室里聚精会神，只有沙沙笔声，与其说这是个讲话，不如说这是堂授课，江院长以其精湛的法学功底与丰厚的人生哲学，给我们上了最重要的一课。

以担当精神诠释什么是忠诚，不仅仅是对事业的忠诚，还有对生活、对人生的忠诚，我们应当先树立起崇高的理想，坚信法治的信仰，对法治建设要有担当，更要对得起当初的誓言。以铁规确保清廉，以公正演绎公信，这是我们作为最高人民法院工作人员的基本要求，也是我们坚守法治、司法为民的必然要求。江院长的讲授并不是泛泛而谈，而是言之有理、言之有物，各种具体制度、各项创新举措，为巡回法庭的长远发展提供了重要参考。尊重、谦让、包容、善意，学会激励，善于思过，江院长以一个长辈的身份，教育我们如何为人、如何处事，他还以一个过来人的身份，以拳拳之心，激励我们要勤奋进步，勤于学习，勤于思考，更要勤于总结生活中的点点滴滴，使事业和生活都取得进步。

江院长的这堂课，对我在第三巡回法庭的工作有着积极重大的影响，对我今后的人生也必将有着重要的意义，在以后的工作生活中，这重要一课值得时时用心领悟，刻刻认真学习。

## 法治精神

“旧时王谢堂前燕，飞入寻常百姓家。”这两句有关南京的著名诗句，也许用在这里并不确切，但最高人民法院巡回法庭的设置，却是真真实实地将最高人民法院从首都庄严的正义路上放在了寻常百姓的家门口。我想这体现的便是一种法治精神，司法为民并不是一句口号，而是实实在在的行动，真真切切地落实，法治真正的精神应当而且必须是为人民服务。

“这里是最高人民法院吗？”站在崭新的诉服大厅，前来信访的当事人还带着些许犹疑。第三巡回法庭刚成立不久，就有许多当事人闻风而动，带上自己的信访材料来到这里。或许是因为所处的地理位置稍显偏僻，或许是周围还是一片工地，抑或是整栋大楼装修所体现的气质显得和“最高人民法院”不那么相称，当事人来到这里最先问的就是这个问题。然而在得到肯定的答复、详细的解释后，他们又重新充满信任与希冀：“我们相信最高人民法院！”

刚到巡回法庭，我在接访大厅负责了几天的导诉和信访接待。几天里，我经常听到当事人这么问、这么说。离开北京相对平稳的中院审判工作，走出舒适的办公室，在与巡回区内各省市的信访当事人近距离接触的过程中，我真切感受到信访当事人的不容易，也更深刻体会到老百姓对巡回法庭的期待与信任。常年的信访、上访让许多当事人满脸风霜、饱经沧桑，尽管有部分当事人是无理缠访、闹访，但是也客观暴露出我们司法工作存在的不足之处与许多亟待改进的问题。面对他们，我除了端正工作态度以外，也唯有尽可能详尽地查明事实，尽可能耐心地明法析理，竭尽全力去帮助他们解决问题。

在这几天里，因为尚且没有进入案件审理的实质阶段，我的主审法官虞政平副庭长还给我布置了一个任务，就是学习第二巡回法庭公布的十大典型案例。这十大典型案例，类型多样，既有管辖方面的裁定，也有维持、改判的判决，从中不仅可以熟悉最高法院文书的制作格式与行文要求，还能学习到最高法院对事实的认定及对法律的理解，领会最高法院判决所彰显的法治精神。无论是对于管辖异议的解释，还是对于虚假诉讼的认定；无论是胡云腾大法官作为审判长的案件中对当事人恶意串通的罚款，还是虞政平法官在物保与人保论理中的充分释意，都能感受到最高法院作为中国司法最高机关所体现出来的司法态度与法治精神。印象最深刻的有两点：一是对事实的查证力求客观真实，明察秋毫，不放过任何一个细节，最大限度还原案件事实真相，在客观事实上尽可能靠近公平正义；二是对法律的解释要符合法律的精神，要从公平公正的角度出发来解释法律，保护当事人的合法权益，维护法律权威，彰显法治精神，让当事人真真切切感受到公平正义。

巡回法庭是新生事物，对于许多人来说还有点陌生。然而它代表最高人民法院行使职责，象征着司法的神圣权威，也寄托了人民的殷切希望和国家的历史重托。作为最高法院巡回法庭的一员，尽管在这里只有两年的时间，但我依然感受到肩上的重担，与此同时也燃起了参与法治改革进程的自豪。法治之路，任重而道远。坚持司法为民，坚守法治精神，我定当精神抖擞、奋发向上，为我国的法治事业贡献微薄之力，为巡回的最高法院付出精诚之心，努力做一个优秀的“三巡人”。

# 征程漫漫　唯勤补拙

法官助理　李洁 *

十五年前，作为一名大学新生来到浦口，开启了漫长的法律学习生涯；十五年后，作为一名法官助理来到三巡，再次开始了拜师学艺的道路。来到三巡，回到浦口，回到十五年前开始学习法律的地方，有如一个轮回，似乎预示着一切将从头开始。站在这个自己曾经挥洒过青春和汗水的地方，感慨万千。回想起这次与三巡的结缘，仍然觉得是一场不可思议的奇妙之旅。

## 忙碌的开始

此次巡回法庭法官助理选拔，时间非常紧凑，周五面试，周六培训，周日一早召开行前动员大会，孟建柱书记和周强院长发表动员讲话。动员会一结束，最高法院的老师们就带

---

* 李洁：江苏省镇江市中级人民法院法官。2016 年 12 月至 2019 年 1 月借调至第三巡回法庭，任周伦军审判团队法官助理。本文写于 2017 年 1 月。

着行李奔赴南京，而我们也立即回原单位进行工作交接。这极像是 1941 年莫斯科保卫战时，苏联举行红场阅兵后，受阅部队随即开赴前线作战。真的给人一种出征的感觉，痛快体验了一把最高法院的最快速度。

然而，惊喜还没结束。周一刚上班便开始着手原单位的工作交接，把卷宗全部搬出来梳理了一遍，把要开庭的案子列了一张详细的表格，写明案件进展和注意事项交给庭长，剩下了一堆拟判决的案件和未完成的材料，本打算 2017 年元旦前一个星期和元旦假期加班加点完成。然而，计划总赶不上变化。周一晚上还在加班便接到三巡的电话通知，第二天下午就要报到。看着满桌子的卷宗，真是欲哭无泪。好在镇江离南京不远，于是从揭牌至今的这段日子我便开启了南京——镇江往返跑的模式，一到周末便奔回镇江扎进办公室加班，周日下午再赶回南京，为高铁站的肯德基和法院隔壁的小面馆贡献了不少银子。生活的画风突然从一个小城市的安逸，变成在手扶电梯上都要奔跑。好在，经过这段时间的连轴转，以及晚上在驻地宾馆的加班，原单位的工作已大部分完成，我也得以踏实地坐在电脑面前回味走进三巡以来的点点滴滴。

## 初识三巡

第一次来到三巡，是在 12 月 27 日的下午，还有少量水泥袋堆放在墙角，室内装修工人还在做最后的收尾工作。在熟悉了第二天揭牌仪式的基本流程之后，我的老师主审法官周伦军便带着我和书记员去餐厅上了第一课。餐厅的地板上还打着蜡，一不小心就会摔倒，犹如我当时的心情，如履薄冰。周老师话不多，时而严肃，时而诙谐，然而主题非常明确，就是要坚守廉洁底线。他举了好几个典型案例告诉我们，廉洁不仅仅是事实上的廉洁，瓜田李下的事情也不能做，不能让别人有理由怀疑你不公正、不廉洁。而这正是第二天江院长在给全体人员讲授的第一堂党课上反复提及的，有部分当事人对法官怀有怨恨情绪，接二连三匿名举报甚至诬告我们的法官，一定程度上是因为法官的态度存在问题而引起的，让当事人感觉法官似乎在偏袒另一方当事人。这也是习近平总书记所要求的，“努力让人民群众在每一个司法案件中感受到公平正义”，即使实体上当事人败诉，也要让当事人主观感受到法律和法官的公正。一如薄熙来作为被告人，在济南中院一审开庭庭审中亦说，“我觉得审判长的主持给我一种公平正义的感觉”，我想，这就是我们的责任和追求，以我们的公正和廉洁，重塑社会的法律信仰。最让我们这些年轻法官感到幸运的是，在接下来的两年里，我们有幸和这位大名鼎鼎的审判长朝夕相处，因为他就是我们三巡的第一副庭长王旭光。

## 开张办案

当事人的消息比新闻记者都灵通。12 月 28 号上午三巡刚一揭牌，就有当事人在门口排队来访。而我们这个审判团队也很快迎来了第一波来访当事人。来访的是两个 50 多岁的江苏沭阳籍男子，因一起医疗损害赔偿发生纠纷。周老师接过材料只翻了一遍，就跟当事人说，你这个情况很简单，第一个问题是你这个拇指是不是胡集医院切的，第二个问题是切的合不合理。当事人忙不迭地点头，说就是这个理。而彼时的我电脑还没折腾好，心想，这么快就能作出判断，也太牛了吧。然后当事人便开始详细描述整个事发经过。因为当事人文化水平不高，但为了让我们听明白，尽量尝试用不太标准的普通话来表达。周老师说，不用，你就讲沭阳话，我能听得懂。我又懵了，敢情接访工作要做好，还得学会多门“语言”（后来我才知道，原来刚好周老师的籍贯是沭阳县隔壁的连云港市）。随后，周老师便耐心地跟当事人分析案情，劝导当事人，告诉当事人案件走向，讲解过程中尽量用他们听得懂的语言去表达。当事人最终满意地离开了。

第一次接谈就在我的懵懵懂懂中结束了。看得出来，我对跟当事人接谈还有点犯怵，周老师就指导我，接谈关键是要打开当事人的心结，找准那个点，就能把问题解决。而且要跟当事人划清底线，不能给当事人不切实际的希望，否则希望一次次落空，当事人的神经会崩溃的。我若有所思，但还得在实践中进一步体会。

## 学习精进

来到三巡，最大的担心是怕自己学业不精，不能很好地做好主审法官的辅助工作。尤其看到老师们都学富五车，精通英文，熟读文言文，更是心里着急，压力山大。便请周老师开一个书单，以便有的放矢地学习。周老师果真开了一个长长的书单，包括史尚宽、谢再全、黄立、郑玉波等民法大家的著作，还有一些译著等。于是赶紧下单购买。其中有些书当年在浦口求学时便买了，十几年间伴随我搬家多次，虽然一直留存至今，但是还真没有一字一句仔细读过。都知道借钱要还，谁知道欠下的读书债，即使时隔十多年，也是要还的。

可是面对这么多书，很担心自己即使不眠不休、手脚并用也很难迅速读完，更谈不上学以致用。于是又请教周老师读书的方法。周老师说，读书并不是背书，关键是要看作者的思路和论证的方法，读完一本书，就要清楚整本书的脉络，知道哪些地方论证严密，哪些地方还有漏洞，这样才算是读明白了。我想，这就是把一本厚书读薄，再读厚的过程吧。周末的时候，背着整整一箱书回到南京，站在车水马龙的十字路口，仿佛回到了当年的学生时代。

在紧张、兴奋和忙碌中，在三巡已经度过了半个多月，经历了振奋人心的动员大会，欢欣鼓舞的揭牌仪式，还有马不停蹄的加班生活，离开了熟悉的朋友，结识了新的小伙伴，一切都在逐步走上正轨。征程漫漫，惟勤补拙。希望两年后离开时，留给三巡的是一个收获满满、对未来充满自信的背影。

# 行政审判，理、气、情，一个也不能少

## ——走进“三巡”的感与思

法官助理 殷勤*

十二月南京的天气就像我的心情。前两天还在遭遇多场冷空气的袭击，这两天又转成温晴的天气，尔后又淅淅沥沥下起了小雨。而我呢，则经历了紧张、忐忑、幸庆、欢欣、向往、惆怅、内省等多种心绪的变化。这也许正应了以赛亚·柏林的那本书名，人性本是扭曲的素材。就在短短一周内，我由一名江苏东部沿海城市中级人民法院的法官，转而成为了最高人民法院第三巡回法庭的法官助理。我的人生轨迹，注定要发生翻天覆地的变化。

### 初识老师

耿宝建老师，是我所在审判团队的主审法官，同时也是

* 殷勤：江苏省南通市中级人民法院行政审判庭法官。2016 年 12 月至 2019 年 1 月借调至第三巡回法庭，任耿宝建审判团队法官助理。本文写于 2017 年 1 月。

最高人民法院行政庭的审判长。早在2007年，我就听过耿老师引介国外ADR机制（多元化纠纷解决机制）的专题讲座，近年来也读过他的不少专业论文，但从未谋面说话，可谓既熟悉又陌生。

初见老师，当时他正和其他的主审法官演练宪法宣誓。老师们都特别认真，步调一致，声音洪亮，一旁的我们很受鼓舞。之后，耿老师与我作了简短的交流，并赠我两本书，一本是他的专著《行政机关负责人出庭应诉指南》，另一本是湘潭大学法学院杨凯教授的《法官助理和书记员职业技能教育培训指南》。

他说，他的书主要是针对行政执法写作的，带有普法的性质，杨凯教授的书对法官助理的角色定位、法律思维养成等都有系统论述，值得认真阅读。回宿舍后，我翻开耿老师的书细细阅读，常能够发现他对法律与社会、法律与行政、现代化与纠纷解决等问题的深刻思考，并非如他所言“只是普法”。之后，耿老师又赠我一本他当时刚刚出版的著作《裁判的方法》。

额外的收获是认识了耿老师的美国朋友，宾夕法尼亚大学法学院的高级讲师马瑞欣 Neysun Mahboubi。马教授是美国新生代的行政法专家，中文很好，而我英文还有待提高，从火车站到法庭，他同我都用中文交流。之后，王旭光副庭长与耿老师一同会见了马教授，向他介绍了三巡审判权运行机制的情况和未来改革的方向。王庭长曾在美国伊利诺伊州大学访学，因而他们也聊到了美国的法律和见闻，以及几位著名的法学教授及其著作。

## 与当事人的接触

法庭的一项日常工作，是审查来访群众的申请是否符合最高人民法院再审审查立案的条件。作为法官助理，我需要跟随主审法官一同接待来访的当事人，做好辅助工作，这让我有了近距离学习的机会。

接待的第一个当事人朱某，已年过七旬，他起诉要求当地政府履行信访救助的职责，一、二审法院则裁定不予立案。收下材料后，耿老师就开始认真阅卷，询问一些问题。经过一番交谈，我们了解到，朱某之前因为拆迁的问题一直上访，又身患重病，这次诉讼，是认为自己领取的救助金没能真正解决生活上的困难。耿老师又详细询问了拆迁补偿的情况，朱某表示对补偿是满意的，但也希望政府解决后续的治疗费用。

第二个当事人顾某，也是年过七旬，因为不服征地拆迁的政策，她将省政府告上了法院，又被裁定驳回。受到最高人民法院法官的接待，顾某显得十分激动，耿老师则通过闲谈的方式，平复她的情绪。顾某带来了许多图纸和文件资料，耿老师每一份都详细查看，认真听取陈述，整个接谈持续了一个多小时。临走的时候，顾某说，之前打了那么多官司，但今天讲的最多。

接谈中，我注意到两个细节，一是对来访的当事人，耿老师都用“老先生”“您好”这样的敬语；二是对一、二审裁定不予立案或驳回的案件，他也会详细了解涉及的实体争议问题。他跟我说，行政案件的当事人，很多没有律师代理，对涉及的争议，主要是凭借他们对法律感性、模糊的认识进行诉讼，但由于不了解法律程序，常常导致权利得不到救济。一方面，我们要掌握法律的规定；另一方面，也要经验地看待事实，在事实与法律之间构筑桥梁，努力通过裁判，维护当事人的合法权益，引导他们正确地主张权利。



## 法庭、工作与生活

职业是人的社会存在方式，人离开了社会则无处可去。来南京两周，工作在法庭、生活也在法庭，这就像在上大学，工作与生活连成一线的同时也变得纯粹。

在三巡的大家庭，我与来自最高人民法院的主审法官、两办领导和工作人员，以及其他省市的法官助理、书记员们，同吃、同住、同行。这是怎样的一种际遇？又要怎样去珍惜、珍藏？

就在第一次面见老师、第一次跟随接谈当事人的过程中，我也深刻感受到了作为巡回法庭法官助理的责任。感谢领导的关怀，南京的生活早已适应；但巡回法庭工作的适应，却要经由每天的实践去感悟，在日复一日不断的学习中去融入。

重心下移、就地解决纠纷、方便群众诉讼，是党中央设立巡回法庭的根本目标。三巡所在的华东地区，经济发展活跃、官民关系样态复杂，新类型案件多，如何统一好法理、事理、情理，如何平衡好救济民权、促进民生和地方经济发展，如何统筹好政治效果、法律效果和社会效果，如何做好执法办案、裁判统一和调研指导，如何既实现辖区政府个案监督、又保证整体依法行政水平提升，这些都需要我们更深入地思考，更专业地裁判，更无私地奉献。只有做到这些，我们也许才能响亮地喊出：争做巡回法庭行政审判的排头兵！

法律的权威来自于人民真诚的信仰。干好行政审判工作，既要理直气壮，也要饱含深情，理、气、情，一个也不能少！

# 你好，三巡！

综合办公室 王雪*

与三巡初遇时的情景，完全是出乎意料和震惊的。感到震惊的不是她雄伟的建筑，出乎意料的反而是那一切仍在紧锣密鼓筹备的场景。因为我是在挂牌前就进驻的第一批人员，第一次站在第三巡回法庭主楼前时，看见的是神圣的国徽悬挂在高耸吊车的吊臂上，晃悠悠地从我们眼前经过，驶向刚“出炉”不久的办公大楼门头；带队的领导指向还是一片“电光火石”的“战场”：那里就是三巡未来的诉服中心！未来？揭牌的日子就在几天之后，而作为第一阵线的诉服中心还在紧张装备中……

后来，我才了解到，当初眼前见到的一切已实属不易。自 2016 年 11 月 1 日中央全面深化改革领导小组第 29 次会议

* 王雪：最高人民法院第三巡回法庭综合办公室文员。原系江苏省南京市栖霞区人民法院书记员，2016 年 12 月至 2017 年 8 月借调至第三巡回法庭，在王展飞审判团队工作。本文写于 2017 年 1 月。

明确第三巡回法庭花落南京后，从11月16日确定三巡驻地地址，到11月28日开始实施改建工程，仅用了短短20多天，就将原来还是毛坯房的商业写字楼改造成为适应法院审判工作需要的崭新办公大楼。12月20日，大楼改造完成并交付使用；12月25日，所有人员全部入驻。短短一个月的筹建时间创造了前所未有的“江苏速度”。也让我对三巡的印象由从最初的震惊甚至有点失望，转变为由衷的自豪和钦佩。

2016年12月28日转眼即到。以往在电视、报刊新闻上才可以看到的周强院长、沈德咏常务副院长和许多领导都来到了三巡。灿烂的阳光下，牌匾上的红绸被周强院长和李强书记共同揭下；崭新的大厅里，兼任第三巡回法庭庭长的江必新副院长带领着三巡全体主审法官面对国旗庄严宣誓。所有的一切终于在这一刻尘埃落定，前期的所有准备经受住了最后的检验。最高人民法院第三巡回法庭正式开张！

送别了领导与嘉宾，三巡回归平静，当天下午，江院长就给我们上了第一次党课。在会上，江必新副院长对全体人员提出了争当优秀“三巡人”的九个方面期许：以担当诠释忠诚，以铁规确保廉洁，以公正演绎公信，以严谨彰显作风，以革新争先创优，以团结共铸辉煌，以勤奋谋求进步，以文明丰富生活，以健康快乐人生。聆听着江必新副院长的教诲，我的心情逐渐平复，揭牌仪式上的激动与兴奋如潮水一般慢慢退去，而作为一名三巡人的荣誉感、使命感从心底油然而生！

回想这短短的十来天，从 12 月 21 日接到院领导的通知，到 12 月 24 日坐上江苏省高级人民法院的大巴，再到今天的揭牌仪式、聆听党课，一切似乎显得不那么真实，但在“最高人民法院第三巡回法庭”工作这件事情却已经真切地摆在眼前。这里就是三巡，是深化司法改革和探索人民法院未来模式战略部署的“试验田”，也是我们即将开始工作、生活和战斗的地方。我会努力学习做一个优秀“三巡人”，努力在每一步工作中实践江院长讲话的要求：严谨、勤奋并且健康快乐的工作与学习。

你好，三巡！

# 归乡的新际遇

书记员 李丽洁*

## 临危受命　忐忑不安

2016 年 12 月 23 日，刚刚结束一天工作的我，突然接到了自己即将被派往位于南京的最高人民法院第三巡回法庭工作三个月的通知。期待归乡的喜悦与工作挑战的忐忑一下子充溢了我的内心。两年前的这一天，我独自一人离开南京来到上海参加公务员招录考试，那时的我对未来充满期待与憧憬；两年后的这一天，意外地接到新的安排将要回到家乡，然而对前方却充满了未知与迷茫。新的工作将如何开展？新的生活会发生什么故事？当时的我无从可知，但是我相信，在我再熟悉不过的家乡，满满的新机遇、新挑战在等着我。

---

* 李丽洁：上海市宝山区人民法院司法行政工作人员。2016 年 12 月至 2017 年 4 月借调至第三巡回法庭，在诉讼服务中心工作。本文写于 2017 年 1 月。

## 夜以继日　全力以赴

三巡诉讼服务中心信访登记窗口的工作人员由来自四省一市的书记员小伙伴组成。为了2016年12月28日揭牌后能够正常运转，大家从25日到28日进行了高强度的集训。从最高人民法院本部派来培训的张晓宇老师，耐心细致地给我们讲解第三巡回法庭的管辖范围和受案范围，帮我们提炼总结断定案件类型的技巧；围绕民事、行政、刑事三类案件的不同审级类型、裁判结果、申诉情况以及如何进入系统完成合理的操作给我们作了细致的讲解。晓宇老师在无私地把自己的工作心得、工作技巧传授给我们的同时，还不断提点我们，指出工作中的注意事项。为避免出现“纸上谈兵”的情况，连续两个晚上我们都聚集在一起展开实训，逐步熟悉系统，摸索登记方法。

实际上自定岗后，我就如骨鲠在喉，但遇难就临阵退缩不是我的性格，我也不想辜负老师们的信任；可让我在短期内熟悉这么多陌生的内容，我却没有十足的把握，只能硬着头皮上。身边的小伙伴们相互鼓励、推着我迎难而上；老师们指导我阅读相关民事、行政诉讼法解释，并将重点范围帮我划出，逐一解释让我反复阅读体会；指导老师教授的范围，我早晚坚持定时记忆理解，争取温故知新；抓住一切机会跟小伙伴们回顾知识、交流心得，遇到自己拿不准的地方及时请教。在领导和老师的指导和鼓励下，在小伙伴们的支持和帮助下，2016 年 12 月 28 日揭牌典礼之后，我自信地坐在信访接待大厅的登记窗口，成为当事人接触巡回法庭的第一站。我深切地感受到了什么是一分耕耘一分收获，内心的喜悦难以平复，面对窗口“司法为民公正司法”的承诺，也更深刻地感受到肩上的使命任重而道远。

## 润物无声　春风化雨

元旦过后，当事人数量就开始逐渐攀升，登记窗口压力日益加大。当复杂的工作内容还未让我惊慌失措时，当事人滞留登记大厅的现实就让我无暇他顾。也就在这个人流量破百的上午，我第一次见到我们的明星庭长虞政平副庭长，他临危不乱，现场指挥我们及时制定应对方案：采取应急措施，发表登记并驱，导诉协助疏导，法警稳定秩序。诉讼服务大厅很快从短暂的慌乱恢复为井然有序。结束上午的鏖战，中午虞副庭长带领大家作总结：“作为窗口发表登记工作人员，一定要熟悉程序化工作内容，力争思路清晰、手脚利索，消除厅内滞留现象，避免群众情绪激化，这是一个技术层面的要求；与此同时，更应该认识到自己代表着第三巡回法庭，是老百姓接触到最高人民法院的第一扇门户，要真诚耐心，或许一句尊敬的称呼就能让当事人感到尊重，或许一句礼貌的用语就能让当事人感到温暖，这是一项需要长期建设的柔性工程。”虞副庭长严谨务实的态度与逻辑缜密的思维让我着迷，我突然意识到提升工作技巧做好本职工作只是个技术活，真正想把工作做好必须要有济世的情怀，这种职业理想在我走出象牙塔后初次被唤醒。

在之后的工作中，一声叔叔阿姨，换来来访人真诚的笑脸；一声您先坐我们尽快帮您办理，换来来访人信任安心的等候；一声您收好身份证请慢走，换来来访人满意的频频点头。诉讼服务中心作为一个团队共同面对了一天 200 人以上人流量的挑战，164 条登记创造了新的记录。也就是在这一天，当看到自己登记的仅比常年坐在立案窗口的同事略少的 40 条记录时，我感到非常兴奋，为自己不但没有因为非科班出身而拖累集体，还在工作中挑起大梁。而让我更感动的是当天一位老阿姨的赞许：“不愧是最高院的法官们，态度就是不一样，真正愿意听老百姓发声，是基层法院需要学习的楷模！”这样的肯定让我切实感受到自己是在为人民服务的最前沿实践自己的职业理想。诉讼服务中心还成功应对过来自上海数十人的集体访，面对人均 5 个案件的当事人，登记窗口的同事互帮互助、配合默契，让当事人老师傅都不禁感慨：“这样协作的团队作战精神，是我在任何单位都从未遇见过的！”

虞副庭长醍醐灌顶的一席话语让我们不再觉得当事人絮叨烦扰，而能将心比心地为他们做好自己能做的份内工作。这样的转变，让我们为琐碎的工作注入了热忱，倾注了耐心，浇灌了团结，也让我们因此获得了他们的理解，赢得了他们的赞赏，更让我们看清自己不断前行的脚步，坚定而踏实！

# 我们在炎热与抑郁的夏天，无法停止狂想

书记员 刘伟腊*

梅雨季节的南京闷热潮湿，宁海路是繁华热闹还是宁静冷清以后都将与我无关。在检察院工作了六年多，夏天顶着三十八九度的烈日挤公交过大桥，冬天裹着厚棉衣在中山北路遮天蔽日的梧桐树下等换乘，这是所有江北进城务工人民的日常。江北人民以进城务工为豪，我有很多理由留下，比如在那里有关心爱护我的领导和同事，比如在那里下班之后骑个共享单车十分钟就能到达南京最繁华的商圈——新街口，比如在小孔水果店每天早上都能买到各种新鲜又实惠的水果，比如在清风书吧某本书中能读到“法院可以在刑事诉讼中命令公诉人对自己的程序违法缴纳一定金额的费用”这样的条款。当然不能用“人不能止步不前”来解释我的离开，我只是更爱我的浦口。

* 刘伟腊：最高人民法院第三巡回法庭书记员。2017 年 7 月至 2019 年 1 月，在马东旭审判团队工作。本文写于 2017 年 1 月。

我是地地道道的浦口人，上小学、上中学、上大学一直在浦口。浦口人民的生活没什么情怀可言，浦口人民似乎也没有真的把自己当成南京市民。我们管“去市区”叫作“去南京”；我们管“进城”叫作“过江”，一条长江似乎切断了浦口和南京的联系。如果不是江北新区的成立，不是南京市政府着眼未来，大力发展江北经济，我想三巡也不会选址在浦口，我也不会有机会来三巡工作，时代与命运齿轮的转动造就了这个机遇。不知道是不是先锋书店和万象书屋将我染上了文艺青年的气息，在炎热与抑郁的夏天竟然无法停止狂想。

2017 年 6 月初的某一天，我接到 010（北京）开头打来的电话，通知我已经通过最高人民法院第三巡回法庭的招聘考试，将在近期来对我进行政审，当时我是既惊喜又忐忑。说实话，以我的自身条件：年近三十，本科学历，没有通过司法考试，这种大街上一抓一大把的女青年根本没有什么职业前途可言。我找领导谈话，汇报了要离职的想法，领导并没有因为我是熟练工就不肯放人，而是先耐心地帮我分析了利弊，检察院的工作相对比较轻松，案件类型比较集中，不用和当事人直接接触，环境简单。而法院工作量大，案件类型庞杂，书记员要做更多琐碎的事情，需要更多的耐心和细心。同事们知道三巡的工作地点离我家近以后，也都赞同我离职。就这样，他们在政审的时候把所有能说的好话都为我说了。

入职欢迎会上，王旭光副庭长说理想和现实是一个辩证的关系，要我们“做好当下，静候花开”。他还说，人这一辈子，最值得的感情就是关爱，对自己的关爱，对家人的关爱，我们年轻人在工作上遇到了困难要跟领导和同事沟通，工作上的困难和坏情绪不要带回家，以免让家人为我们担心。主审法官周伦军老师作为过来人，对我们这种法律工作入门级选手提出了这样的期许和要求：立足本职、不安于本职、恪守本分。王庭长像一位慈父，教会我们生活的道理；而周审更像是学校里的老师，注重学生的个人能力。改编鲁迅先生的一句话——真的勇士敢于直面自己全部的人生。没有人喜欢遗憾，“子欲养而亲不待”和“守着一位名师几年但仍然没有学到本事”一样，都是很悲惨的。所以很多事情都要“趁现在”。现在想来，在检察院工作的这几年，我是在“做好当下”，而能够有幸进入三巡，可能就是我静候的花绽开了。

又想起六月下旬的某一天，接到010（北京）开头打来的电话，问我的生日具体是哪一天，当时我还没有入职。对方说，三巡会在我们生日的那天为我们准备生日蛋糕，当时心里超级暖。如果不出意外我的30岁将会在三巡度过，我期待三巡为我准备的生日蛋糕。

写完这篇文章已是傍晚，雷阵雨过后，浦口的夕阳很美，三巡的窗外很美。

# 期待

法律实习生 张译元*

“一入三巡门，终身三巡人。”当看到上一届的学姐结束在三巡实习后发朋友圈的这句配文时，我思考的是自己在离去时能否有这样深刻的体会。如今实习一月有余，心中隐隐有了答案。

2018 年 10 月初，刚到那天，还未进三巡的大门，我和同行的小伙伴们便沉醉于一阵阵的桂花香气中，在忐忑的等候中迎来了办公室各位老师、同学的真诚问候，也收到了寝室楼周大哥的热情招呼。从这天起，在明亮的办公楼里，一个摆满绿萝的房间里，我有了自己的一个办公桌。

在三巡，每一个碰面伴随着的都是温暖善良的笑容，而身边的同事与朋友也都在践行着对这份工作、对这片土地的热爱。我们团队虽然不如别的团队忙，但是大家也总是不约

* 张译元：上海财经大学法律实习生，2018 年 10 月至 2019 年 3 月在第三巡回法庭郭清国审判团队担任实习法官助理。本文写于 2018 年 11 月。

而同的留下来加班。小伙伴还曾告诉我说，她愿意不拿工资在三巡工作十年。而隔壁行政团队的朋友说他们每周加班到十点已经成了日常，但是因为可爱的同事们仍然觉得就算加班也很愉快。后来听王旭光副庭长说三巡还有一片小菜园，便专门组团去参观，当看到架上爬的丝瓜，地里的茄子、辣椒时，我的内心第一反应是惊讶，也是真真切切的感受到了大家都把三巡当作一个家来看待、想要认真经营的情感。后来和远方的朋友聊起院里挂满枝头的胡柚、自给自足的菜肴以及食堂展示桌上摆着的大大的瓠子时，也是津津乐道。

团队里的法官助理们，待我们既是老师又是朋友。每当我们对案件的处理有任何疑惑的时候，办公室里的各位前辈们便会热情而耐心地给我们答疑解惑，将自己的办案经验毫无保留地传授给我们。工作之余，我们又会天南地北的侃，这种温暖欢乐的办公室氛围是我之前任何一段实习都不曾经历的。

身边有这样一群热情善良的同事，工作都会变得很愉快，我们才刚到就为将来的离开产生不舍的情绪了。余下 5 个月的时光，更要用心对待啊，期待。

# 实习气候志

法律实习生 沈香香*

2018 年 10 月 8 日，八月廿九，寒露。

这一天，我和同学怀着憧憬而又忐忑的心情拉着大包小包跨进了三巡的大门。高悬的国徽与猎猎翻飞的国旗辉映成一抹热烈而鲜艳的红，将最高人民法院第三巡回法庭的门庭装饰得庄严而又肃穆。一时间，一丝紧张的情愫在我的心头滋生——为着我即将开始的富有挑战性的工作而跃跃欲试的同时又惴惴不安。但很快，这种复杂的情绪随着三巡工作人员无微不至的关怀而渐渐消弭。在这里，我见到了循循善诱的指导老师，和善易处的同事，热情周到的后勤人员，住进了温馨舒适的宿舍，吃上了可口美味的饭菜，还有图书馆、健身房、小菜园等完善的配套设施，让我对三巡的实习充满了期待。

* 沈香香：南京师范大学法律实习生，2018 年 10 月至 2019 年 3 月在第三巡回法庭王晓滨审判团队担任实习法官助理。本文写于 2018 年 11 月。

白露已过，秋霜未降，露冷寒而将于凝结也，心暖温而几欲融融也。在初秋寒冷将至的日子里，我感受到了三巡内的盎然暖意。

2018 年 10 月 23 日，九月十五，霜降。

实习半月，霜降悄至，气肃而凝，露结为霜。这段时间的三巡，一直都沐浴在天高云阔秋日暖阳里，天气晴得恰到好处，景色也美得别出心裁。小菜园里的苋菜刚冒了嫩绿的芽，棚架上的瓠瓜缀满藤头，池塘里的锦鲤和落英相映成趣，庭院里几株金橘硕果累累，园区里一排银杏渐变金黄。好的环境总能给人无限的动力，与浓浓秋色交相辉映的就是团队成员十足的干劲，办公室内噼里啪啦的键盘声不绝于耳，工作之余茶歇小憩亦是笑语频频，办案期间遇到难题，所有同事都能不吝赐教，让我能像一块海绵一样贪婪地吸收着丰富的知识养分，工作生活美好而又充实。夕阳西照，暖橘的落日余晖洒满整间办公室和整个楼道，小伙伴喊我去食堂觅食的呼唤准时响起，今晚食堂的当季菜谱是萝卜老鸭汤，正是这个时节最温养滋补的东西，人还未到仿佛菜香已至，走出大门虽有秋霜凝降，寒风初至，但我无惧寒凉，动力无限！

2018 年 11 月 7 日，九月三十，立冬。

“今天是立冬诶，是不是要吃饺子？”来自南方某小镇的好奇宝宝问。

“冬至才吃饺子，立冬不吃饺子。”来自北方的同事 A 答。

“这样哦，我还以为只要一到节气就要吃饺子。那立冬吃什么？”好奇宝宝又问。

“立冬吃羊肉汤！”来自北方的同事 B 答。

刚翻出《人民日报》一篇文章的好奇宝宝说：“北方立冬吃饺子，南方立冬吃甘蔗！”办公室日常饮食讨论之“立冬吃什么”到此结束。

那天，食堂准备了甘蔗，我吃了饺子，同事喝了羊杂汤，我在三巡实习的一个月纪念日过得很完满很幸福。



2018 年 11 月 22 日，十月十五，小雪。

自寒露始，打霜降过，立冬满月余，小雪启新章。

小雪将至，冬意渐浓，来到三巡实习的一个多月时间里，天气寒凉相替，景色夏淡秋浓，知识由亏而盈，办案逐渐熟练，初心始终如一。秋收冬藏，春生夏茂，我一直都坚信，在三巡实习的半年时光里，我一定能撷经验之丰盈硕果，藏知识之无尽宝藏，于三巡此间土地上茁壮生长，在未来自己的法律事业上枝繁叶茂！

# 一月小感

跟案助理 吕蓉蓉*

来到三巡转眼已满一个月，三巡于我而言更像是一所学校，让离开校园多年的我，再次狠狠过了把学生瘾。

三巡地处江北，离自然很近，离喧嚣不远，一条长江横断了江南的浮躁，像极了很多大学的选址。下班想去城里浪一浪，先看看过江隧道的长龙，再算算地铁公交的折腾时间，还是乖乖回去补点精神之钙，早点洗洗睡吧。其实，玩笑归玩笑，作为一名基层法院的青年，每天身兼书记员和法官助理的双重身份，一上班就已淹没在当事人的电话、案件排期送达、庭前证据交换、鉴定质证、组织调解、庭审记录的海洋中，还要努力腾出时间来草拟文书，一天下来身心高度运转，即使想要克服懒惰情绪使劲挤挤时间这块海绵，在下班

---

* 吕蓉蓉：江苏省南京市雨花台区人民法院法官助理。2018 年 10 月至 2019 年 3 月参与第三巡回法庭“菁才培养”计划，在郭清国审判团队工作。本文写于 2018 年 11 月。

后系统巩固下基础理论，也常常是有心无力，所以更加怀念身为学生的单纯幸福。而今又可以有半年时间逃离繁忙琐碎的工作，拾起想看而没看的书本，在安静的环境中工作沉淀思考，我无比感恩。

对于我这样的基层司法民工，总公司绝对是高大上的代名词，各位老师们也必然身怀绝技，脚下生风。主审法官会议就像是高手过招的武林大会，不为比拼高下，只是切磋技艺，共同精进。有的一针见血，直击要害，有的春风化雨，四两拨千斤。如何汇报案件，如何从复杂的事实中筛选关键，如何明确的指出案件的争议焦点，如何用法言法语概括案件的核心，如何实现法律效果与社会效果的平衡等等，各位老师在发言讨论中已做了最好的展示，在这里学习的不只是专业，看问题的角度与高度，更是表达，各种精要必得我这个小学生反复体会实践方能有所进益。

如果说主审法官会议是老师们的公开课，那么主审法官讲业务的讲堂就是老师们传授绝学的小灶，通过专业的体系梳理让你了解某个问题的前世今生，满满的实务干货让你想一字不落的记满小本本。就像吃了爆浆牛丸，鲜甜的汁水在咬下的瞬间浸满口腔，与脆嫩的肉质交织在一起，让你只顾得咀嚼而舍不得张开嘴，生怕漏掉了一点汤汁，即使咽下去了，那饱满而充实的体验还会像猫爪一样不时骚动你的记忆。

除了内功深厚的专业老师，三巡还有很多可爱的“小老师”，他们可能是在青年干警微课堂中分享感悟的法官助理，也可能是帮你拓展新鲜技能的书记员，小老师们更让我看到自身的不足，见贤思齐。

码字至此，竟然还没有写写我亲爱的郭老师，不是因为他不重要，恰是因为像郭老师这种神龙见首不见尾的大侠，我这种蠢笨的表达是无法用寥寥数语准确刻画出他潇洒的神韵的，嗯，容我此处省略一万字，先留在心里默默感受吧。

即使不能面面俱到，也到了该收尾的时候。为了不辜负这段宝贵的时光，我也给自己定了计划，希望我走出三巡的时候，是一个合格的学生，一个更好的自己。

# 三巡印象

跟案助理 王美娟*

不觉间来三巡已经一个多月，感悟颇多，而最大的感受却是“三巡原来是这样的啊”。

来之前，认为三巡是等级森严、不容置疑的地方，是只能听令做事的；来之后，发现三巡是尖锐的，却又是民主的、包容的。主审法官会议上，各位法官们观点激烈碰撞，互相“挑刺”，却在争论中不断完善了案件审查与处理；业务授课时，主审法官们讲课风趣幽默，但不会对人对事下绝对的结论，反而不断抛出各种观点，引发大家深刻的思考；团队讨论时，从主审到实习生，不论资历、不较学历，各抒己见，大家盯紧的是手中的案子，关注的是真理与正义。

来之前，认为三巡是清闲的、没有压力的，最高院案件

---

* 王美娟：上海市松江区人民法院刑事审判庭法官。2018 年 10 月至 2019 年 1 月参加第三巡回法庭“跟案培训”计划，在仇晓敏审判团队工作。本文写于 2018 年 11 月。

量相对还是少的；来之后，发现三巡是忙碌的、紧张的。初来乍到，几个几十个案子就分到了手里，主审法官第一句话就是最高院是当事人最后的申诉窗口，必须好好审，一点马虎不得；当觉得自己任务重的时候，一了解却发现三巡十来个主审法官一年竟然要审3000多个案件，赶紧默默干活；下班以后，办公楼依然灯火辉煌，电脑键盘噼里啪啦，会议室案件讨论热火朝天。大家常自嘲，三巡就是适合加班的，离家单身一人，吃住在一个院，不加班还能干啥，还是加班吧。

来之前，认为三巡是高高在上、庄严肃穆的存在，那是走路都得踮着脚的；来之后，发现三巡还有亲民的、亲切的、热闹的一面。办公室常有笑语，运动场上常有厮杀，业余时间自娱自乐的项目也不少。河堤散步绝对是一大特色，南门外的小河堤已经成为三巡的“后营地”；更要一提的是法庭西南角上美丽齐整的小菜园，简朴中存着情调，沏一杯茶，闲坐一角，闻着花香，看着果蔬，就非常有诗情画意。嗯，如果有个秋千就更完美啦。

三巡工作上严谨认真，生活上也丰富多彩，来三巡是一次很好的学习历练过程，很高兴结识你——三巡。

# 耕　耘

# 耕耘的司法人生

## ——最高人民法院第三巡回法庭菜园记

法官助理 金诚轩*

来南京巡回半年，紧张办案之余，与同事耕种菜地。同人烟稠密的北京相比，能这样不弃业、不下乡，打理一园菜地，非常难得。故撰小文，以述三巡生活及这个大家庭。

余光中先生有本文集《金陵子弟江湖客》，收录了同名文章，回忆起从巴山蜀水重返金陵古都，入读金陵大学的求学时光。无论是鼓楼广场角的门牌弄堂还是明代城墙下的月牙湖波，书中有关六朝余韵的灵动描述，构成了我对南京巡回的最初想象。2018 年 1 月 3 日，我随从事行政审判的王晓滨法官、诉讼服务中心的彭艳主任乘坐高铁到达南京南站，正逢十年难遇的大雪，整座城市银装素裹、遍野琼花；经过近一个小时的泥泞车程，终于来到了位于江北浦口的最高人民

---

* 金诚轩：最高人民法院行政审判庭法官助理，2018 年 1 月至今，在第三巡回法庭任王晓滨审判团队法官助理。本文写于 2018 年 7 月。

法院第三巡回法庭。

要论浦口区在南京市的地理位置，只能说“隔壁就是醉（an）翁（hui）亭（sheng），进城打车 100 元”；要论三巡在浦口区的占地面积，只能说“三栋楼组成的三角地带，是你重温高三生活的不二之选”。纷拥而来的案件和远离市区的生活，起先确实有点不适应。怎样能让工作与生活有个分界线？当我发现宿舍楼下竟然有块菜地，就在这巡回法庭里，不得不承认“每个民族都有自己的天赋”，种菜这项国民技能在浦珠北路 88 号也不例外。

常会看见类似《中国大妈耶鲁种菜惊呆外媒》的新闻标题，或者题为《Vernacular Chinese Vegetable Garden》（都市中的中国菜园）的视频节目出现在园艺网站上。难怪《人类简史》里说：“人类以为自己驯化了植物，但其实是植物驯化了智人；……人到现代还有着远古狩猎采集者的心，以及远古农民的胃。”漫长的农耕历史，孕育了国人“耕读传家”的社会文化：以耕田立性命，以读书立高德。这份无可名状的土地深情和谜之热爱，表现在了各种花式种菜上，且不管脚下的是不是块农用地。

有一种共鸣，“种菜跟包饺子一样，是不受身份影响的国人最爱。”在三巡这块蕞尔之地，在贫瘠的建设用地上，三巡人利用充分的想象和农耕技能，开辟出了自己的“一亩三分地”。初来报到时，陶渊明式的“晨兴理荒秽，带月荷锄归”常在脑海萦绕，但是骨感的现实条件又让人犯难：土质状况贫瘠不说，还夹杂着碎砖石砾，天然肥力无从谈起；灌溉设施缺乏不说，还是渣状的土表底层，“排水能力”与涵水能力天壤相别；此外，作物的种子秧苗从何而来、日常的经营管理谁来维护？应了那句“创业需要再三思考”。

最终是三个有过务农经验的人，聚到了一起：三巡王旭光副庭长、综合办叶卫民主任以及长工编制的我。嗯，事后想来，在事业的草创阶段，一定不要忘了“讨论虚构的事实、设计想象的现实”是人类的独特能力，只要会讲故事，让某些设想成为共同的信念，就会吸引大家普遍参与、合力行事，而这股力量足以影响世界！为了改良菜地的原有土壤，我与其他干警搬来了有机的腐质黑土，让生地逐步熟化，适合作物生长；为了丰富菜园的“物种多元”，叶主任亲自挑选种子、培育秧苗，亚男助理及其先生“二鱼”从天津老家带回了佛手瓜幼苗，我也网购了些罗勒、紫苏、迷迭香以及竹竿搭架、鸡粪追肥……当然，一直离不开旭光副庭长的技术指导，这位自称“山里人”的菜园 COO（Chief Operating Officer）自产自销，拿来了晚饭花和太阳花苗。

办公庭院、宿舍菜园让整个三巡显得生机勃勃。不想，在这片静默生长的作物栖息地里也有它的“丛林规则”。

要与节气争时点。传统的露地种植，离不开二十四节气的农作指导，错过了农时也就耽误了生长。农谚语：“清明前后，种瓜点豆。”因为套种轮耕的缘故，菜园的育苗工作出现了点延误，到了 2018 年 4 月中旬，育发的番茄、黄瓜等种子特别“冷静”，没有丝毫的破土迹象。没办法，挑了个周末的早晨，跑到附近泰山庙街道的桥头集市，补购了些现成的秧苗。记得当时的摊主老太自卖自夸地推销说：“南京本地品种，露天育的苗，好吃又好种！”买回的几株秧苗确实不负期望，一路高歌猛进、跑马圈地，稳居黄瓜藤架的霸主地位，害得我一直得意，为“买回的苗就这么壮实”而暗爽。直到这货开花结果，猛然发现买回的竟然是几棵大冬瓜。好吧，心里长久以来的那只靴(yi)子(huo)总算落地，萌绒绒的冬瓜“巨婴”至今还坦然然地挂在黄瓜丛中。

作物之间抢地盘。在育苗这件事上，可以说叶主任是个很勤奋的“公司发起人”，一旦发芽成功就让我尽快分株移植，也不管有限的种植面积；加上贪多的心理作祟，我总把苗们种得较密，间距不当。为此，被搞基建的同事们戏称为“一个没有容积率概念的长工”。地上一排四株番茄、架下一行六棵葫芦，甚至在竹林当中种了丝瓜、韭菜地里嵌了秋葵。“小金，你这样种是不行的，番茄、葫芦、南瓜都是侵略性很强的作物；丝瓜会压了竹子，秋葵会遮了韭菜”“茄子、辣椒到时候长成一簇簇密不透风，昆虫没法授粉……”，早起的菜园COO旭光副庭长好几次提醒说。对于这些种植建议，起先我总是置若罔闻、不加理睬，满心地扎进了“高效多产”的预想中。直到小满时节，才发觉情况不妙，番茄地里除了茂盛的桠干，没有抽花的侧枝；葫芦藤上只有雄花朵朵，鲜有雌花带果；那些好不容易挂了果的丝瓜、南瓜，最后都是半途夭折。难道是南京的物候慢了一拍，还是地里的昆虫太少没法授粉？在某日的早晨，菜园COO例行巡视后，不打招呼、连拔带剪了八株番茄、六株丝瓜、四株葫芦和若干南瓜藤尖。在我数周的控诉之后，菜园开始持续挂果，“蔬菜庄稼不能种得太密，只顾着抢占生存空间，就没了精力开花结果；对待植物，也要懂得取舍，不去掐枝打尖，怎么会长出好的收成”。不得不承认，在成活与成材之间，隔着妥妥的实力差距。

“不能使用化学杀虫剂”，这是开垦之初立下的环保规矩。于是，在这有机菜园里，自然少不了“人虫大战”：豇豆藤上成群结队的蚂蚁，看它们来回奔波的忙碌小样，就知道蔬菜遭了蚜虫，虽然叶主任自制的大蒜辣椒喷液敌不过虫患的繁殖速度，但还不至于淘宝七星瓢虫来克敌，用人工的“手捏爆浆”还是可以遏制的；夜间出没的鼻涕虫，喜欢啃食地头的茄子嫩叶，利用它们嗜甜的习性，用啤酒灌醉也是可以活捉的；喜欢雨天躲在栀子花下的星天牛，是记忆中的童年玩具，只要别太任性祸害，对它们也是可以睁一只眼闭一只眼的。还有三巡的猫们，这群傲娇的主儿，偶有到菜园里约架的，第二天起来只看见遭了殃的香瓜藤被连根扯断，除了叹惜拿它们毫无办法。

百川是三巡的法二代，随父亲常驻南京，就近入读幼儿园。某个傍晚正在浇水，一个糯糯的身影跑到菜地来找我，慌急急地问："姐姐，姐姐（对我的称呼很不固定，主要看他心情），葫芦什么时候长大呀？我怕要回北京读书了，看不到了！"我赶忙安慰这个小小的人儿："不急不急，等到葫芦长大了，和彭主任一起给你寄！"待情绪平缓了点后，又娇憨憨地说："阿姨，阿姨，那你再给我挖根大蚯蚓看看吧！"小家伙，安静地蹲在菜畦边上，认真地观察着蚯蚓一拱一拱地钻回地里松土。因为管辖华东地区，三巡受理的案件量较大，除了本部派驻的主审法官与助理外，还向辖区法院借调了一批跟案助理。为了暑期团聚，三巡冒出了一群假期宝宝。饭后，他们与父母傍晚散步，逛至宿舍后面的菜园时，总会怀着好奇走进瓜架深处，来一场探险之旅：这是金铃子（或称赖葡萄），苦瓜里的水果品种；那是彩色西红柿，叫作绿野仙踪；这是柠檬薄荷、百里香，厨房里的香料食材；那是木耳菜，夏天可以放汤滚豆腐……相信，这些辨识果蔬、品尝采摘的假期体验，会成为孩子们对三巡的童年记忆。自从巡回以后，弟弟们会折道南京看我，再忙我也尽可能抽出时间，就地取材包顿苋菜或者豆角馄饨，就像父辈们对我一样，希望这种维系情感的美食手艺能让他们记得，某个夏天来南京看过阿姐。

“一个孩子的成长最需要什么？无非是丰足的自然，与温暖的人情。”对于派驻巡回的大人们来说，又何尝不是？芒种之后，收割了地里的紫皮洋葱，在三巡的“紫金山”微信群里发消息：“有做饭需要的，到菜地自取。”夏至之后，浮瓜沉李，头晚浇透菜地，第二天一早摘下的是水嫩的瓜果豆角，有多余的就在群里喊一嗓子。因为加班，周末没法回京又不想吃食堂的，因为出差，半夜才回宿舍想烧个夜宵的，因为犯懒，缺味葱花佐料又不想外出采购的，下楼摘个需要的菜就是上桌的美味。周末互相串门蹭饭、交换烙饼饺子，也是在本部时少有的日常。

跟着师傅种菜，从拓荒耕耘到灌溉收获，学会了自然堆肥、掐枝打尖和鱼池浇灌。夏至那天，从宿舍天梯俯拍了张菜园全景，虽然只有三分大小，但是错落有致、郁郁葱葱，像户菜地、搭伙过日。因为这个兴趣养成了早起的习惯，也理解了那句“所有的坚持，都是因为热爱！”

# 在三巡

法官助理 刘牧晗*

自 2016 年 12 月 28 日最高人民法院第三巡回法庭挂牌成立至今，季节从冬末衍变为夏初，北京南站列车开出时的“北京再见，南京你好”，亦徐徐呈现出在江南一隅作为三巡人的日复一日。

## 人生若只如初见

2016 年圣诞节后的第一日，是与三巡初见时。偏于南京浦口三河桥旁的三巡之地，还带着些许工地施工的痕迹，办公室里装修的味道尚未完全散去，拓荒之感油然而生。

方阵、宣誓、挂牌，2016 年 12 月 28 日的日程紧凑、肃然。亲眼见证升起国旗、挂上法徽，原本普通的楼宇顿时熠熠生辉，庄严神圣。一群身着黑色法袍和制服的人，为这片

---

* 刘牧晗：最高人民法院环境资源审判庭法官助理，2016 年 12 月至 2019 年 1 月在第三巡回法庭任王展飞审判团队法官助理。本文写于 2017 年 6 月。

辖江苏、上海、浙江、福建、江西五省市，案件体量占全国四分之一的土地和人民，提供公正、高效和优质的司法服务，将在这座建筑里开拓两年甚至更长的时间。

更何况，还有一场“牢记重托、勇于担当，争做优秀三巡人”的精神盛宴。一次党课，近四个小时语重心长的谆谆教诲，让三巡的每一位同志在院领导和第三巡回法庭庭长的身份之外，真切感受到江必新副院长亲切谦和的君子之风，绵密深厚的长者之范。以担当诠释忠诚，以铁规确保廉洁，以公正演绎公信，以严谨彰显作风，以革新争先创优，以团结共铸辉煌，以勤奋谋求进步，以文明丰富生活，以健康快乐人生，成为三巡人津津乐道并身体力行的九句箴言。现在再回顾，与三巡初见时的内心震动，仍历历在目般清晰。



## 大法官的审判艺术

有幸作为法官助理参与三巡的第一案，是我终生难忘的经历。（2016）最高法民终 822 号案，于 2016 年 12 月 29 日即三巡挂牌次日立案受理，2017 年 1 月 12 日、19 日两次召集双方当事人举行庭前会议，2018 年 1 月 20 日公开开庭审理并当庭调解，1 月 24 日送达调解文书。26 天的忙碌、兴奋和调解结案后的开心之余，如此近距离地感受大法官的审判艺术，更是成为极为难得的学习经历。

此案为建设用地使用权出让合同纠纷。实体上，涉及建设用地使用权出让合同的性质认定，合同解除权的享有、行使和放弃，形成权的除斥期间限制，权利失效和诚实信用原则的检视适用等问题。建设用地使用权出让合同系民事合同抑或行政协议的争论已久，合议庭在研究近五年类似案件裁判文书的基础上，结合行政诉讼法及其司法解释的最新修订和司法实践传统经验，予以充分论证、慎重定性。对合同解除权是否放弃的认定，则综合考量制度目的、案件事实和利益衡平，在正确认定事实的基础上，设定严格的要件构成，实现价值判断的正当性。程序上，充分利用庭前会议制度实现庭审实质化，提高庭审效率。尤其在建设用地使用权出让合同涉及国家利益、社会公共利益的情形下，对当事人之间的和解意见和调解方案进行实质性司法审查。同时结合各方当事人在诉讼过程中的实际参与情况，在庭审结束前增加评价环节，对当事人理性参与诉讼、合理表达诉求的良好表现给予肯定，倡导诚信、理性、协同、和谐的诉讼参与理念。

“孔子曰，听讼，吾犹人也。必也使无讼乎。”法庭上，听江必新大法官一字一句讲出这句话时，感动至深。个案的审理和问题的解决当然重要。但更为重要的是，在审理案件和解决问题过程中呈现的思想、逻辑和情怀。

## 好好学习，天天向上

三巡地处经济社会发展水平和区域开放合作程度较高的华东地区，重大跨行政区划案件和新型、疑难、复杂案件较多，加之实行随机分案机制和全科大夫培养模式，使得每个人能够参与办理的案件在类型、案由、性质上均呈现出复杂多样性。保证金账户质押，案外人执行异议之诉，破产清算纠纷，不服妨碍民事诉讼强制措施申请复议的司惩复字案件，几乎都是以前没有遇到过的新型案件，深感学习的重要和必要，尤其在主审法官的指导下，更有学习的动力和兴趣。

审判团队王展飞主审法官的办公室里，有满满两大柜子的书，某次研讨案件去他那里借书，惊讶地发现每本书他都细细读过，密密麻麻地写着标注，划了或粗或细的线，以及兴致所至时龙飞凤舞地在页边空白处写下的某段话。想起自己买来便束之高阁的书，既佩服又汗颜。又想起很多次自己啰里啰嗦写完审查报告，经过他的指点修正，简直是化腐朽为神奇。尤其对争议焦点的归纳总结，某个争议焦点之下又细分为数个小问题，每个问题之间有着环环相扣的逻辑和简洁之美，令人赞叹。于是，暗暗下了要好好学习的决心。

## 司法要观照和温暖人心

这是工作作为生活的一部分给予的直观感受。

来三巡之前，我甚至没有去过本部的第三办公区，对立案的了解更多地来自于参与审理案件卷宗里的立案信息登记表。在三巡的第一次接访，除了熟悉立案流程、再审申请的审查条件以及来访系统操作外，更为忐忑的是，不知道将要直接面对的来访当事人带有何种情绪、具有怎样的诉求，能否满足他们对三巡司法第一印象的期待。大多数来访人是理性、平和的，但也有人一进来就哭诉，或者已因超出申请再审法定期限等原因明显不符合再审审查立案条件仍要求立案，或者对判决结果有过分不合理要求而迁怒司法不公。接待的来访人越多，对司法公正越有更深刻的理解。包括民事、行政、刑事案件在内的司法，就结果而言，裁判者一定程度上确实在进行着“生杀予夺”，某个案件真的会影响某个当事人的全部人生。完整的、全面的司法公正，不仅包括实体公正、程序公正，还要包括主观公正、形象公正和态度公正，要在司法过程中观照和温暖人心。

时间倏忽而过，大时代下司法改革的参与感和使命感，渗透在每一日每一案的细微之中。我相信，努力过的，一定会有收获。

# 司法的细节

法官助理 殷勤*

时间总是在我们生命的指尖上悄悄滑过。不知不觉间，我来三巡工作、生活已是五个月有余。初到三巡时，那种兴奋中带着忐忑、向往中又带着些许不确定性的初体验，虽说还没有完全消解，但随着对周围环境的渐次熟悉、融入，也开始慢慢沉淀下来。这便有了以下的体验和感悟。

格兰特·吉尔莫在《契约的死亡》中曾说："我们的专业里有大量的枯燥的苦活，我们必须处理、驾驭大量的琐碎的细节，我们必须极端重视具体细节，我们必须接受这一事实，即我们大部分的时间须花在乏味的工作上。"诚哉斯言，用它来说明司法细节的重要性及我们应为此所付出的努力，是再适合不过了。这段时间在三巡最深刻的感受，也就体现在"细节"这两个字上。透过细节的规范表达，也从一个侧面反映

---

* 殷勤：江苏省南通市中级人民法院行政审判庭法官。2016 年 12 月至 2019 年 1 月借调至第三巡回法庭，任耿宝建审判团队法官助理。本文写于 2017 年 6 月。

了中国最高审判机关办事的严谨、认真以及较真。

## 首槌与法治的本土资源

2017 年 1 月 20 日下午，三巡公开审理了江苏瑞豪置业有限公司等诉盐城市大丰区人民政府、国土资源局建设用地使用权出让合同纠纷上诉案。本案实现了多个第一而注定要载入共和国的法治发展史。比如：本案由最高人民法院党组副书记、副院长江必新担任审判长，是近年来审判长级别最高的案件之一；本案还是三巡成立后受理和审理的第一案，并且也是新设立的四个巡回法庭开庭审理的第一案……但我所更多关注的，却并非跌宕起伏的案情和百转千回的结果，而是案件审理前后的两个细节。



一是在正式审理前，江院长就对本案的适用程序问题作了最直接的回应。虽然 2015 年 5 月 1 日《行政诉讼法》修订实施后，特许经营协议、征收补偿安置协议等都已经被纳入行政诉讼受案范围，但对于国有土地使用权出让合同，法律还未有明确规定。就在最高人民法院司法解释的审议稿中，也曾将此类协议作为行政案件处理，但在正式的司法解释文本中又将相关条款予以删除。因此，国有土地使用权出让合同争议能否作为行政案件受理，目前还存在较大的争议。而江院长则明确指出：本案涉及行政管理职权行使和公共利益，依法属于行政诉讼受案范围，但考虑到一审审判时行政诉讼法尚未修订，并且也已经按照民事诉讼程序进行了审理，为避免当事人的诉累，二审仍按照民事诉讼程序进行审理。这一明确表态，不仅表明本案虽然按照民事诉讼程序审理，但由于其本质上属于行政协议，因而在审判中也必然会吸收行政诉讼的程序理念；而且在某种程度上，这一审判程序适用说明所确立的审判规则，极具参考意义和示范价值，并将可能超越案件审判本身的价值。

二是在评价环节，江院长通过引介孔子“听讼，吾犹人也，必也使无讼乎”，表达了诉讼又归于无讼的理念。无疑，诚信、文明、和谐，既是中国传统文化的价值追求，也是当代中国社会主义的核心价值观。在三巡首槌评价环节表达无讼、和谐的理念，其用意即在于表明：诉讼本身不是目的，有效地解决问题、案结事了人和，才是最终目的；而只有这样，才能最大程度地节约和利用社会资源。当然，用孔子而不是其他域外著名法学家的论述，也表明一种重拾中国本土法治资源的态度——“协同和”的理念根植于我们自身的传统，能够从我们自己的文化中找到正当性的基础。

在此，也许要进一步追问的是：如何才能真正做到案结事了呢？显然，不能仅仅满足于个案的调解或者当事人在案外的和解，而是要基于个案的裁判宣示规则，形成稳定的行为预期。可见，虽然裁判总有向后看的特性，总是趋于保守的，但有时也需要向前看，为人们未来可能的生活提供规则。

## 细节与规范化司法

在英语里，司法和正义是同一个词（justice），因此当我们说正义隐藏于细节中的时候，其实就等于是在说，细节对于司法是何等重要。这种对司法细节的关注，正是三巡主审法官办案的真实写照。

在一起要求政府履行职责的再审申请案中，原告持有宅基地使用权证，但证涉土地早在20世纪90年代中期就被征收拆迁，而原告现在要求政府履行保护宅基地使用权的法定职责。对此，我的初步意见是原告主张缺乏具体的事实根据，且其具体的诉求涉及层级监督，而政府履行层级监督职责并不属于行政诉讼的受案范围。主审法官耿宝建老师则建议我不要着急下结论，而是要借鉴民商事案件的审判方法，从公法上的请求权基础入手，逐步地审视案件问题。具体来说，既然原告主张宅基地使用权受到侵犯，那么就要审查该权利目前的归属；反之，如果出现权证分离的现象，则还要掌握权利具体是如何演变的。而只有查清这些基础性事实，才能够进一步审查政府有无履行相关职责的可能性和必要性。并且也只有经过层层地追问和审查，案件审理才会扎实有据，对当事人的实体诉求才会有实实在在的回应。

之后，在裁判文书草拟阶段，针对“补偿安置”还是“安置补偿”的表述问题，耿老师又建议我仔细查阅《土地管理法》《土地管理法实施条例》等具体规定，以确保裁判语言与法律规范语言的一致性。他说：“裁判文书最能反映一个法官的能力，用法律自身的语言撰写裁判文书，既是基本要求，也是能力展示。”

在另一起起诉政府不作为的案件中，耿老师也同样指导我尝试从公法请求权基础入手，并结合行政诉讼证据规则有关举证责任的具体规定，审查原告起诉是否符合起诉的条件。他说：“行政诉讼中原告的诉权是非常重要的权利，不能够轻易否定。特别是对原告暂时不符合起诉条件但又确实需要给予保护的，应当通过裁判明确其正确维权的途径和方式，而此时的裁判无疑就是指导当事人正确运用诉权的指南。否则，即便在法律上解决了纠纷，也难以让人信服，难以做到案结事了。”



## 纠纷解决与规则治理

苏力在其名著《送法下乡》中曾言及目前中国的四级法院更多关注事实、关注纠纷解决，而对规则治理的重视程度还不够。的确，来到三巡之后，最大的体会莫过于案件的绝对数量多，并且绝大部分案件所涉及的也仍然只是事实问题，似乎就连最高人民法院，也陷入诉讼的“泥潭”之中了。浮华褪去归于真，随着四个月来不断的学习实践，我对纠纷解决和规则治理，却有了新的认识。

在一起起诉政府征收拆迁违法的案件中，一、二审法院均认为，原告在起诉之前已经签订了征收补偿安置协议，领取了补偿款，并且也将房屋实际交付拆除，因此，原告再起诉政府之前的征收拆迁行为违法，已经丧失了相应的权利基础，不具备起诉利益。就在这个看似已经形成实务通说而十分简单的案件中，耿宝建老师却认为，在行政诉讼法已经将征收补偿协议纳入行政诉讼受案范围之后，除非协议双方明确约定排除司法管辖，否则在法理上，即便被征收人签订协议并领取补偿后，仍然具有起诉该协议违法的诉权。他教导我对本案的裁判理由认真研究，因为“征收拆迁可能剥夺的是公民的基本权利，这意味着我们的裁判文书负有更重的说理负担，论证也要更加严谨”。

之后，他结合以往的办案经验，写成《论国有土地上房屋征收与补偿的十个具体问题》一文。由于论文所针对的都是审判实务中的具体问题，有很强的问题导向性和实践性，但在字里行间也常常看到作者对“征收”和“补偿”这对基本概念的宪法学思辨，以及长期研习行政法所自然表达出的那种“权利—权力”平衡理念。我作为助理有幸参与该文数次文稿校对工作，通过反复阅读文章，对文中所着重强调的征收与补偿的法律关系、公民责任和服从义务、被征收人诉权保障等问题，也有了更多认识和更深体会。

的确，规则治理并不总是表现为制定司法解释，并据此形成抽象地、一般性的法律适用规则；相反，规则治理首先就体现在纠纷解决之中，体现在那些也许我们都不以为意的简单案件的审理之中。在中国现代社会转型期，必然会产生大量的纠纷，而作为纠纷裁断机构，人民法院也必然会受理和审理较之过去更多的案件，但这却并不必然导致人民法院规则治理功能的弱化。只要我们具有足够的问题意识、规则意识，那么，案件本身便是问题和规则之源，透过案件裁判形成规则，也同样是在彰显司法的规则治理功能。在此，问题的关键恐怕还在于执掌法槌之人，而我们所缺少的，却正是那种从简单案件中提炼出规则的智识和能力。



## 法官当以高贵的灵魂处理凡俗的法务

纠纷源于社会生活，而法律作为一种解决纠纷机制，说到底是社会生活实践中的世俗产物，法官每天所需要面对的，就是世俗、凡俗的案件，法官可能终其一生，都会被人间烟火所笼罩，与世俗的、琐碎的利益纠纷打交道。除了这些，法官在案外还可能要面对各种干扰、风险、诱惑和陷阱。这就回到霍姆斯的一个老问题，他说“我们辛辛苦苦地研究一个枯燥乏味和专业性的制度，热切地保护当事人和商人经营术的惯例，以及关注贪婪的利益之间乱哄哄的冲突，这些东西如何能够构成人的一生？”

事实上，法官所要面对的这些问题，并不是说中国今天的司法现状太糟糕了，而是法学和法律本身的特性所决定的。与文学、自然科学相比，法律职业必然要关注社会世俗生活，也就有世俗性，而文艺却是脱俗的；并且法律职业对政治、国家和权力也有很强的依赖性；法律职业还是保守的，因为它要以过去的证据作为事实证明的前提，要向后看；另外，法律职业还有一定的封闭性，因为法学是一门规则的学问，在一定程度上排斥道德、社会、政治和文化，需要自己建筑，去进行概念的分析、解释和推理，知识体系相对封闭。

在上述这些法律职业或者说法官职业的特性中，我看到了世俗与高贵联合的可能；而在三巡五个多月的所学、所见、所思、所感，在主审法官们对各类案件细节的持续关注中，也让我更加具象地体会到法律职业的这种实践理性。的确，法律所要面对的问题是世俗的，但解决问题的方式却是技艺的，而这种实践技艺要熟练掌握，非得日复一日不断地专注练习不可。

法官无以唱道德高调、做惊天动地可歌可泣的事，但世俗纠纷背后所表达的，一定是法律职业的德性。王泽鉴先生曾言："想做一个称职的法律人，业余生活不会太丰富多彩，一定要和枯燥的法律书籍条文打交道。"要在个案审判中表达正义、体现公平，法官必须以专业技能透过日常社会经验和生活阅历，把对细节的持续关注和内心的经久渴望结合起来，并时刻保持一种批判反思精神。唯有如此，我们才能抱着平常的心情去做世俗平凡的事务；而与此同时，我们也是在以高贵的灵魂处理凡俗的法务。

# 启航三巡　追逐梦想

法官助理 曹健*

对最高司法的理解，原先更多的是通过研读核心刊物、公报案例、司法新闻等终端媒介，其中不乏想象，现在有幸参与其中，来到三巡一晃也已近半年，收获了真真切切的体验感悟。所谓“物有甘苦尝之者识，道有夷险履之者知”，没有成功是随随便便取得的，三巡工作的有序开展同样离不开每一位三巡人忠诚无悔的责任担当，离不开每一位三巡人夜以继日的全力以赴，离不开每一位三巡人激情满怀的追逐梦想。

## 迎难克坚，勇担重任，立足岗位忠诚尽责

来三巡之前，我在中级人民法院工作，案件压力较大，想当然地认为最高法院的案件数量肯定要少很多，工作任务

* 曹健：江苏省徐州市中级人民法院民事审判第一庭法官。2016 年 12 月至 2019 年 1 月借调至第三巡回法庭，任马东旭审判团队法官助理。本文写于 2017 年 6 月。

会相对轻松一些。但来到三巡后，繁重的工作压力彻底颠覆了自己之前的看法。随着下级法院收案数量的连年攀升，最高法院的案件数量也是水涨船高，短短数月我们团队已经受理案件近50件。虽然单纯从数量上无法与下级法院相比，但是这些案件无一不是各辖区法院“重重筛选”后的重大案件，无一不是“曲折坎坷”的疑难复杂。标的额数以亿计的民事案件比比皆是，长达几十页的诉状也是司空见惯，证据材料更是动辄多达十余卷本。沉甸甸的案情，承载着人民群众对公正司法的殷切期盼，考验着主审团队秉持公道的责任与智慧。

作为法官助理，我承担的团队辅助性工作较为琐碎，对此，按照自己的工作顺序我努力做到勤、准、细，来统筹案件的辅助工作。所谓“勤”是指收到案件后应尽快翻阅，大体了解案件的类型、方向，随手做好标记，向主审法官初步汇报。如遇生僻疑难问题，还要提前做好资料收集工作，以备后续工作的顺利开展。所谓“准”主要是指对当事人诉请事由的归纳应精准到位，删繁就简，合并同类项，提取公因式，做到一目了然，清晰明确。所谓“细”主要是指相关审查材料的整理、起草应细致严谨、核实求证。思考是一个综合的逻辑推演过程，对案情的理解和把握必须能沉下心智，用上功夫。越是发现问题、遇到障碍，越要有抓住不放、集中精力、一鼓作气的态度和毅力。尤其是面对堆积如山的案卷材料，案情概况不可能简单的翻翻卷宗就能了然于心，阅卷整理的要求更加严格，更加讲求科学的方式方法。好记性不如烂笔头，阅卷过程中不仅要宏观掌握案件概况，而且要细致梳理关键节点，标记争点所在，清晰绘制关系图谱等等。遇到不清晰、不确定的相关问题，应有一丝不苟地毯式搜索求证的态度，做好做足案件审理的辅助工作。另外，文书的校对工作是裁判质量的最后一道把关，其利害关系自不待言，除了词句格式的核校外，作为法官助理还应进一步协助推敲主审法官对事实的表述、裁判说理的组织是否确定无疑、严密周延。目前，新收案件数量还在迅速增加，而之前受理的案件经过初步的审理，一部分案情复杂疑难、争议较大的案件逐渐积累下来。这对我们接下来的工作提出了更高更紧迫的要求，既要在法定审限内对积压案件尽快依法公正作出裁判，又要统筹兼顾新收案件的处理节奏，防止顾此失彼。

正如歌德所说“责任就是对自己要求去做的事情有一种爱。”我热爱这份事业，同样也愿意承受这份爱带来的责任，面对重任迎难而上，将压力变为动力。梅花香自苦寒来，相信在不懈努力下，再多的困难都将被克服，硕硕成果，正等待我们去摘取。

## 高精尖专，勤奋进取，锻造优秀职业品格

“法官就是法律由精神王国进入现实王国控制社会生活关

系的大门。法律借助于法官而降临尘世。”主审法官们丰富的审判工作经历、高阶的学历学位已无须多言，杰出青年法学家、审判业务专家的名号早已在业界广为流传，这已然都是我崇拜敬仰的榜样。更为直接感受主审法官们的高精尖专还是在生动的日常生活工作中。记得主审法官们从本部托运过来整箱整箱的专业资料，在快递柜前也经常看到主审法官们淘来的各类书籍，博览群书的求知态度，无形中感染激励着我，学习之道只争朝夕。工作中主审法官们深厚的理论功底、缜密的思辨能力，精准的要旨把握，无处不闪耀着超凡的敏锐与智慧。我在汇报案件时，原本认为非常复杂、难以理解的案情，结果还没等和盘托出，主审法官们就已经能够预见到之后的案情发展，并对法律关系、法律适用问题作出明确判断。经过主审法官们的提示指点，原本认为难以驾驭的错综复杂，立马浮出水面清晰可辨。主审法官会上案件的讨论更是针锋相对，观点交锋异常激烈，正视矛盾不回避问题，是职责使然，道义担当。主审法官们不仅是司法界的精英更是劳动模范，工作中加班加点、全力以赴地扑在钟爱的审判事业上，任劳任怨、无怨无悔。通常说一件事情重复七遍就会形成习惯，那么我们的主审法官们每周“5+2、白+黑”，早已把工作融入了生活，把事业融入了生命。

长期从事司法工作的人，在常人看来多少都有些“神经质”。司法工作的逻辑始于质疑，历经反复求证，终于排除合理怀疑。这和日常的生活逻辑恰恰相反。但正因如此，方显其卓越品质。如何让人民群众在每一个司法案件中都感受到公平正义，如何让每一个司法案件都经得起时代的考验，离不开审判程序中每一个微小环节的周全。严谨缜密是一种工作态度，更是对司法工作的严苛要求。案件事实的认定、法律规范的适用、卷宗材料的整理、文稿资料的斟酌、法律文书的送达等事无巨细。每一个司法案件的出厂品可能会因案情的不同而千差万别，但严谨缜密却能保证出厂品达到严丝合缝的最高标准。经过近半年的工作体验，我惊喜的感受到确定性品格的无穷魅力。蒲柳之姿，望秋而零，松柏之质，经霜弥茂，我愿学松柏，不断磨砺自己，成为司法事业的可用之才。



## 满怀感恩，繁华内心，唱响青春无悔之歌

“青春不是年华，而是心境；青春不是桃面、丹唇、柔膝，而是深沉的意志，恢宏的想象；青春是生命的深泉在涌流。青春气贯长虹，勇锐盖过怯弱，进取压倒苟安。年岁有加，并非垂老，理想丢弃，方堕暮年。”追逐梦想的青春，必定会是人生中最绚烂的篇章。来自全国各地的我们，为了共同的事业，共同的梦想相聚在古都金陵，耕耘在崭新的三巡。

大家远离家乡远离亲人，却未曾孤单。三巡是个大家庭，是个井然有序、关怀包容、温暖有爱的大家庭。在这里每个人都是主角，都是设计师，尽情展示精彩，放飞梦想，每个人将会把最美好的年华、最珍贵的情谊、最饱满的热情毫不吝惜地播撒在扬子江畔，为共建司法事业的美好未来添砖加瓦。滚滚江水赋予我们澎湃动力，激励我们奋勇前行！

前不久，同儿子有过一次颇有感触的对话，孩子天真地说："小风扇的妈妈是大风扇，小风扇的爸爸是货车，可以拉着他们去很远很远的地方。"作为父亲的我，正是那个带领孩子探索远方的人。面对孩子，我将如何树立模范形象，如何讲述青春无悔的奋斗年华？正视自己，多年以后回顾此段历程，如何才能多一些欣慰，少一些悔憾？别无他求，唯有不断鞭策自己，努力奋斗，寻求内心深处最好的自己，用一片赤诚之心，谱写青春华章！

"人人自有定盘针，万化根源总在心"，遵循内心的指引，点燃心中的繁华与激情，在奋斗拼搏中全身心的感受挑战与充实的快乐。像康德所说"既然我已经踏上这条道路，那么，任何东西都不应妨碍我沿着这条路走下去"。珍惜当下时光，给自己订立的目标不敢忘却，成功之路无穷而总以有恒为主，精诚所至金石为开，以目标牵引成长，用过程充盈人生，插上执着的翅膀，尽情的自由高飞，在最好的年华，遇见最美的风景！

# 一纸和解书，一片邻里情

## ——法律实习生眼中的一起所有权纠纷案件审理

法律实习生 廖宇凌 *

作为第三巡回法庭的法律实习生，第一次旁听这起所有权纠纷案件首次开庭询问时，坐在旁听席上的我看着对立双方唇枪舌战，感觉到在互不相让的情绪中隐约还有些敌对的意味。而通过逐步了解案情，我知晓此案不仅案情复杂，而且存在法律空缺的情况，如何审理十分考验合议庭法官们的智慧。

案件双方当事人分别是左邻右里家园小区业主委员会与开发商中浙房地产公司，主要争议焦点在于案涉的小区会所、幼儿园的所有权是属于全体业主共有还是开发商单独所有。业主委员会的代表主张会所、幼儿园应属于全体业主共有的原因有二：一是基于一期 39 份购房合同中的明确约定，二是

---

* 廖宇凌：南京大学法律实习生，2017 年 4 月至 8 月在第三巡回法庭马东旭审判团队担任实习法官助理。本文写于 2017 年 7 月。

认为房价中已经分摊了会所、幼儿园的开发成本；开发商则认为39份购房合同中的约定只是签合同时的疏忽失误，后来的购房合同中删掉此表述才表达了对于会所、幼儿园所有权分配的真实约定，在成本分摊问题上则认为会所和幼儿园建设成本远超房价中分摊到的，不能算分摊了成本。

对于此案的审理，一、二审的裁判结果也迥然不同。一审法院基于39份合同的约定认定“该约定所作出的意思表示系对全体业主相应共有权的确认，该确认并不因被告未与其余业主约定而失效，仍然对中浙公司具有法律拘束力”，从而支持了左邻右里小区业委会的诉讼请求。判决作出后开发商一方很快提起了上诉。

二审法院审理后认为除了39份有明确约定的购房合同直接按照合同约定分配所有权，其他的购房合同并未约定，应当根据物权法精神区分投资情况具体确定，即如果有证据证明会所、幼儿园的成本实际构成商品房对外销售价格的组成部分，则归业主所有；反之，基于“谁投资、谁所有、谁受益”的原则，产权应当归开发商所有。而综合全案，二审法院认定，物业管理用房以外的会所、幼儿园的建设成本实际未列入相应商品房建造成本并实际构成相应商品房对外销售价格的组成部分。故相关业主不享有物业管理用房以外的会所、幼儿园的共有产权，相应产权应认定属中浙公司所有。

一、二审的审理在当地引起了很强的社会反响，部分媒体在网上进行过报道。根据业主委员会提交的证据“声援支持业委会依法夺回属于全体业主共有的会所、幼儿园签名表”显示，有1245名业主关注此案，可见本案在当地影响力之大。

令我印象深刻的是，即使二审判决已经生效，但是产生的纠纷也并未了结，业主与开发商的矛盾依旧。而且由于双方关系的不和谐，小区混乱的状态持续了很长一段时间。“小区监控瘫痪，给业主带来很大的安全隐患”、南大门外及东门南侧的道路和环境也亟待修缮……这些乱象大大影响了小区业主们的生活质量，也不利于开发商的品牌建设。归根结底，双方实际上都没有取得这场纷争的真正胜利。如果不能真正化解双方的矛盾，小区的和谐美满也很难实现。而通过阅卷我也得知，双方在案件二审审理中也尝试过和解，但因没有找到合适的方案而以失败告终。

案件的复杂程度可想而知，法律的空白也是造就此案原审两级法院几乎相反的裁判结论的原因之一。在再审审查案件的承办人、主审法官马东旭的建议下，我们实习生小组也对类似案件进行了检索，发现可参考案例不多，审判实践中做法不一，理论界对此也存在争议。此外，此案中的房价是否确实分摊了会所、幼儿园的建设成本这一事实问题的认定上存在极大困难，即便通过证据规则认定了事实，能否因成本分摊来确定所有权归属也有待商榷。

但更重要的是，根据一、二审判决后的小区状况来看，简单作出司法裁判并不能达到最终化解矛盾的效果，但是如果矛盾不能有效化解，双方持续对立将对小区业主的安居将产生持续的影响，对开发商的物业管理、品牌建设也会有很大的负面影响。在最高院再审审查过程中，在合议庭询问过案情后的建议及提倡下，双方终于重回谈判桌，心平气和地谈判协商可行的和解方案，虽然中途也有过谈判破裂的情况，但在双方对小区整体利益最大化的追求及主审法官的有序指导下，最终达成了双方都能接受的和解方案。

最后一次询问时我依旧坐在旁听席上，坐在对立席位上的双方当事人没有变，但法庭上的氛围已经截然不同，他们已在合议庭倡议下达成了初步的和解方案。询问中，业主委员会主任方言讲不清楚的地方，开发商会主动替他向主审法官解释，场面非常融洽，完全感受不到第一次询问时针锋相对剑拔弩张的紧张氛围。庭后提交的和解书上也有了业主委员会大部分成员的签字，这起所有权纠纷的化解通过合法程序得到了大部分业主的同意。

这起案件也可以通过裁判方式结案，甚至形成指导案例达到以案释法的作用，但即使最终形成了判决，像本案中开发商和小区业主还要继续相处的情况下，可能会产生判决执行过程中矛盾进一步激化的结果，产生源源不断的新问题，从这一点看来，以和解方式解决该案是兼顾社会效果的最好方式。我相信，只要双方本着诚实信用的原则履行和解协议的内容，携手向着建设和谐宜居小区的目标共同努力，一定能让左邻右里家园小区的明天更加美好。

# 窗口登记

书记员 吴鑫圆*

盛夏七月，蝉鸣了了，与上海梅雨季截然不同，作为四大火炉之一的南京，在群山围绕中，此刻，三十余度，艳阳高照，异常闷热。坐在三巡一楼接待窗口的我，刚为一位来访者登记完案件信息，并引导他们走向候谈大厅找法官接谈。

岁月如逝，转眼来三巡已近三个月。犹记得初来三巡时的情景，一行人浩浩荡荡从上海乘坐火车至南京站，满怀期待地走入江苏总部基地，迎面而来的是几幢形状相似，高耸挺立的大楼，楼前的五星红旗在空中摇曳，最高人民法院第三巡回法庭这几个字映入眼帘。走进审判大楼，敬畏之心油然而生，我仿佛看到了九位法官在庭审上敲击法槌，公正审理案件的情形，一个个存疑案件在此重新审理，公正裁决。

然而仅仅经过短暂的小半天培训，我就被安排在诉服的

---

* 吴鑫圆：上海市金山区人民法院法官助理。2017 年 4 月至 7 月借调至第三巡回法庭，在诉讼服务中心工作。本文写于 2017 年 7 月。

一楼窗口接待来访人员。对于何种情形发绿表，何种情形发红表，何种情形发黄表，却迷迷糊糊；如何面对来访人员，如何安抚情绪激动的来访者，这些对于刚刚开始实践操作的我来说，都成了大大小小的困难和难题。

印象最深的一次是某个周二上午，原本安静有序的大厅突然间喧闹沸腾，往外一瞧，一个个来访者接踵而至，夹杂着熟悉的上海口音。经过安检后的他们，迫不及待地全部涌到窗口。其他窗口的小伙伴们逐渐开始叫号，我却愣在那里，有些懵，不知该如何下手。这时，有个小伙伴走过来悄悄安抚我说："这些都是一起过来的当事人，别急，沉住气。"说完，在她的指导下我开始叫号并登记，发现只是人数多，案子并不复杂，是很常见的高院再审过的民事案件。我便一个一个开始登记，在一个多小时后终全部登记完成。此时，导诉人员将他们引导去了候谈大厅，登记大厅里人员逐渐减少，恢复了原来的安静与秩序。

随后的几周内，遇到过好几波一起来的来访人员，声势浩荡，有的集体包车而来，有的结伴坐火车而来。慢慢地，我也适应了，学会了沉着冷静地登记。

伴随着时间的流逝，我对窗口的登记流程逐渐熟悉，然而日复一日的机械式登记，也开始让我困扰，我甚至开始觉得窗口登记工作也就如此，就像流水线上机械的操作工，没有任何含金量和价值。直到有一天，一位面色憔悴的父亲带着他失望无助的女儿来到了窗口，向我哭着询问如何申诉才能改判冤案。我突然感受到窗口登记的重要性，每一个登记、每一张表格都是当事人的一份期盼与希望。他们怀揣着希冀而来，尽管有的并不符合立案条件，却也数次不远千里而来，期望在这里得到帮助。窗口登记并不是单一式、机械式的操作，而是有血有肉，寄托着希望的次次援助。

三个月的窗口登记经验，让我着实受益良多。零距离地与当事人面对面沟通，使我更能理解当事人的急切心情与朴实诉请，更能体会每一份工作都有其不可替代的属性和要求。我想，即便今后回到了基层法院，这份在三巡的收获也会伴随着我，陪我成长。

# 实习三巡，不负青春

法律实习生 张梦圆 *

早晨 5:40 的闹钟响起，一天的工作开始了。校园还在沉睡，安静的林荫道上，我迎着夏日那还不太灼热的朝阳，跨越大半个南京，从地铁到公交，从江宁到浦口，从东大到三巡。我曾以为这样的实习时光很漫长，却在每日的繁忙与充实中，在键盘声与讨论声中，在一份份案卷中，在老师的指导与同伴的欢声笑语中，不曾发现实习已过大半。在这个炎热的夏日我带着一颗炽热的心度过了这个意义非凡、收获颇丰的暑假。

## “跨界”办案，宝贵的经历

作为一名行政法专业的学生，因为王旭光副庭长团队的案子既有行政案件，也有民商事案件，因此我有幸能在办理民商事诉讼案件和行政诉讼案件中，多角度多层次地感受到

---

* 张梦圆：东南大学法律实习生，2017 年 5 月至 11 月在第三巡回法庭王旭光审判团队担任实习法官助理。本文写于 2017 年 8 月。

民商事诉讼案件和行政诉讼案件的异同和特点，从而激发更多的思考和感悟。

我记得江副院长在一篇谈阅读感悟的文章中说到“知识或学科之间的区隔不是绝对的，不能仅选择自己所从事专业领域的书，要善于跨界读书”。其实民商事诉讼案件和行政诉讼案件也谈不上真正的“跨界”，但正是在处理这两种案件中，一方面以干促学，让我积累了更多的知识，拓宽了视野，学习融会贯通、破除狭隘；另一方面也加强了对自己本专业知识的学习和理解。

2017 年 6 月份的时候，江副院长曾经给我们上过一堂视频课，深入地讲解和分析了行政诉讼的特质。当时的我还是一名学习者、聆听者，那些丰富的理论知识我似乎懂了，却并未做到内化于心。然而在之后的实习过程中，当我从司法裁判者的角度去亲身接触行政案件，并在与民商事诉讼案件审判思路的比较中，开始去思考、去领悟、去学习运用，才真正结合自身实践将所学习的理论知识转化成了自身的感悟。我相信很多实习的同学都和我有一样的感受，而这些知识绝比依靠书本的记忆来得更印象深刻。

## 课题研讨会，一场精神盛宴

除了参与到审判工作中，我也有幸参与了最高院与国土资源部共同承办的司法研究重大课题项目研讨会，多角度地参与到三巡的工作中。在这次课题研讨会上，该领域的专家从自己的工作实践出发，探讨了很多深刻的问题和感悟，也从理论层面发表了深刻的见解。一方面，激发了我的思考，拓宽了视野，是一场知识的盛宴，让我意识到自身认识的浅显与狭隘。我记得当时，王庭长在会议的最后，以六种关系对该课题进行了总结，提出了意见和建议，鞭辟入里，对我们之后的课题研究有很大的指导作用。当时我身旁的一位律师和我说："不愧是资深专家，一句话就把这个问题分析的如此到位。你能跟着这样的老师真的很幸运。"作为王庭长团队的实习助理，我为有这样一位知识渊博、经验丰富的老师而感到骄傲。同时，面对自己拟定的这份子课题提纲，我也很羞愧，思路和观点的陈旧，视野的狭隘，王庭长总结的六种关系让我看到自身的不足，也让我对该课题有了更深层的认识，形成新的研究思路。另一方面，我也意识到当前学校研究工作者和相关领域社会实践工作者对问题认识角度和侧重点的不同，各有所长，因而在未来的学习中，要学会从实践出发，以问题为导向，加强理论和实践的交叉融合，善于总结和思考。



## 诉讼权利的保障，审判的艺术

作为实习生，我们不只坐在办公室，还会参与到庭审和询问中，了解诉讼程序的特点和案件的具体操作，感受司法审判的艺术。我记得在一起案件中，由于一方当事人为公民，缺乏一定的法律知识素养，不能有效运用诉讼程序去充分表达诉求和主张，所以在询问过程中，王庭长注重平衡双方的诉讼能力，抑强扶弱，耐心地为该当事人解释诉讼程序的相关要求和目的，引导当事人在程序中充分有效地表达诉求，推动案件纠纷矛盾的实质解决，维护当事人的诉讼权利，尊重当事人的人格尊严。询问结束后，当事人感慨道："如果一、二审能像这次给予我充分表达诉求和主张的机会，我也不会对这起案件纠缠这么久。"我想这就是最高院法官的职业素养和个人素养，王庭长运用他多年的审判经验为我们上了生动的一课。



## 专业素养的提升，由泛入微

在实习中，我们由粗至细，由拙到工，步步深入。我学习了如何撰写审查报告和裁判文书，小到标点符号的运用和正确的措辞，大到如何梳理案情，理清案件脉络，归纳争议焦点和审判思路；我学习了如何运用专业的制图软件去做出直观简洁的法律关系示意图；学习了如何在会议上简洁扼要清晰的陈述案情和裁判思路，发表自己的观点；学习到一、二审和再审程序的特点和异同，了解到不同程序的功能以及裁判思路，学习如何和当事人打交道，如何回应当事人的一些问题和不合理的请求，如何谨慎克制，保守司法裁判的秘密。甚至学习到很多自己不曾了解的知识……当然我现在还在学习的过程中，或许离学会还有很大的距离，但我感到很幸运能让我有这个机会去不断认识到自己的不足，不断地去学习和弥补。

## 师长的关怀，团队的温暖

如果说三巡是个大家庭，那我们这个团队就是一个小家庭。团队的每个人都给予了我关怀指导和帮助。王庭长会亲切地称呼我的小名，如同长辈一般给予我们谆谆教导。他会在繁忙的公务间隙和我们聊聊，会在每次团队会议时，和我们分享多年的审判经验，让我们受益匪浅，也会鼓励我们多发言，尊重我们的意见和想法，锻炼我们的独立思考能力和批判性思维。同时处理审判事务与行政管理事务的王庭长，从未因为繁忙的公务而面露倦色，他会在我们下班后还在办公室看着成堆的案卷和报告，他会在我们讨论着去哪玩的周末还奔赴在大小会议中。不是在开会就是在开会路上的王庭长永远保持着昂扬的工作状态，面带笑容，他有着北方人的直爽与豪迈，也不乏细心与耐心，在他身上我看到了他对这份职业的热爱与专注；助理老师张乾哥是一个内敛严谨踏实的人，工作态度负责，考虑问题全面，会在闲暇时和我们一起探讨案件，如同老师，如同兄长。每次工作太累想偷偷懒时，看到张哥还在认真工作，我就会乖乖地继续看案卷、写报告；我们还有吃饭小分队，博学多识，有问必答的博士师兄，笑声爽朗、见解犀利的康康，活泼可爱、细心体贴的娜娜，我们会在吃饭时谈天说地，从今天案件处理的困难，到今天的菜色如何，从娱乐新闻到时事政治，从中山陵、紫金山到南京大牌档，也会谈谈职业的构想和未来的方向。在这个团队我学习了很多，收获了很多，也成长了很多。

进入三巡实习我感到非常的幸运，三巡给了我们最大的空间去感受法院、感受司法。在这里我们不仅加强了理论与实践的结合，学习了最专业的司法审判经验，也学习了优秀法官的品行与气度。在实习中，我们学着去真正的独立思考，不惧于暴露自己的不足和缺点，也学会了吸收和改变。希望我们在实习期间不仅思考我们能从三巡学到什么，更要思考我们能为三巡做些什么。我们也要以己所长发光发热，为三巡的工作贡献自己的力量，做到干中学、学中干。我为自己能成为一名三巡的实习生而感到骄傲和自豪！最后用我最喜欢的一句话共勉：勿忘初心，方得始终！

# 心怀感激，扬帆起航

法律实习生 廖宇凌*

2017年4月前，我和同期的十位同学一起来到这里，来到“家门口的最高法院”开始了为期四个月的实习工作。看起来漫长的四个月居然很快就要结束了，初来时那个惴惴不安的新手实习生已然将自己视为“三巡人”，开始回头总结短短四个月里学习到的珍贵经验、怀恋浓浓的三巡情。

初到三巡的那一周便有一个在南京当地有较大社会影响的申请再审案件开庭询问。该案是我进入三巡后第一个较为完整地参与了数次开庭询问、数次合议、调卷阅卷及最终达成和解撤回再审申请结案整个过程的案件，对于案件的和解结果印象深刻。虽然我们在学校学习时，对于和解、调解结案的案件片面地认为有和稀泥之嫌，不太赞同，但是当接触到现实中比课堂假设要复杂很多的案件时，不得不考虑结案

---

* 廖宇凌：南京大学法律实习生，2017年4月至8月在第三巡回法庭马东旭审判团队担任实习法官助理。本文写于2017年8月。

后的社会影响，才深切感受到保证案结事了化解矛盾纠纷确实是一个了不起的目标。

在后来的实习过程中我们主要的学习方式是直接接触案卷材料，尝试写审查报告。通过阅读当事人的申请书、原审的裁判文书、审查当事人提交的证据等将案件基本案情梳理清晰、归纳争点弄清事实全貌，然后对其中的法律问题进行探讨。

梳理案情是写审查报告必须要经历的第一步，正如江院长在“法治人才基本素养”专题研讨会上对法治人才的期冀那样，我们法律实习生需要在实习中学习“对事实认定的审慎态度和证明事实状态技能的娴熟运用”，这也是我在不断尝试写审查报告过程中获得的最大进步。刚开始面对厚厚的案卷材料，经常抓不住重点，会将各种情况绕在一起理不出头绪，比如民间借贷以及建设工程施工合同纠纷的许多案件一开始要花很久才能弄清案情细节。后来跟前辈们学到的应对方法是看案情时多画时间轴和法律关系图，从不同角度多画，再将它们结合在一起看，关系图画通了对案情基本上也能有宏观的把握，再将重要的细节填充起来，就能很好地帮助理解案情。特别是案涉的主体比较多，相互间关系混乱时，一张明晰的关系图可以大大提高工作效率；另一种方法是尽量用简短的几句话总结案情来检验自己是否已经弄通了案件事实框架。于是在练习一段时间后，我终于能够较迅速的理清案情，这是我在实习期最大的进步。

弄清楚案件事实是重要的第一步，接下来要回应当事人在申请书或者上诉状中的各项请求。有的诉讼请求清晰明了，有的诉讼请求逻辑不通、顺序混乱甚至蛮不讲理、胡搅蛮缠，团队的主审法官马东旭老师经常提醒我们，对于当事人的诉请，要头脑清醒地对其进行归纳总结而不能被当事人牵着鼻子走。对总结的各项诉求进行回应时，要结合法律规定和对案情的把握进行说理，这是整个过程中难度最大也最有学习意义的一个环节。这个环节我还做得不够好，还有很大的提升空间，比如法律检索能力不足、说理不够顺畅，这些短板需要在以后的学习中继续积累弥补。

针对某些事实认定比较清楚，但是法律适用或者法律认定有争议的案件，由于自己的能力短板，我有时会认为争议双方的解释论证都有道理，从而陷入两难的境地，此时必须要认真地进行相关检索并且认真旁听老师们的合议庭讨论才能在此基础上形成一个较明确的意见。旁听合议庭讨论案件也是很重要的学习方式，主审老师们对案情的把握和理解能力很强，一般案件简单听取案情汇报，问几个相关问题就能了解到相应的争议点，并且形成自己的内心确信，没有长时间高强度的法律训练和丰富的工作经验是很难达到这样的水平的。由于三巡机构精简，分别从事民事、刑事和行政法方向案件的法官们会在主审法官会议时一起对复杂案件进行评议，老师们跨学科多角度地探讨案件，也让我深切感受到，成长为优秀的法律人才，我还有很长的路要走。

当然除了从这些具体的工作中学习知识和技能，通过与团队的主审法官、法官助理、书记员一同工作，让我得以体验他们繁忙的日常工作状态、观察他们严谨细致的工作方式和工作态度，这种潜移默化的体验学习对我今后的法律学习和工作都是珍贵的财富。

从进入三巡的第一天起，三巡的领导、主审团队的老师们就告诉我们，虽然我们不是正式员工，但每一个来三巡工作，为三巡的有序运作做出贡献的都是三巡人，而且一直都是，这让我们在短短四个月的实习中很有归属感和责任感。我们虽然时不时会对羡慕自己有机会来三巡实习的同学谦虚地说自己不过是“在司法改革前沿阵地搬砖的法律民工”，但每每这个时候还是会为自己能够来到“家门口的最高法院”实习感到无比幸运。感谢三巡给我们机会，让我们能够就近向最高院的优秀法官直接学习，主审老师们雄厚的法律功底、高超的审判技巧以及中立公正的法官人格，都是我学习追赶的目标。此外深度参与“1+1+1”主审法官团队扁平化的运作模式、现场旁听以网络直播方式公开开庭审理的案件，以及跨区域立案、远程视频接访、最高院法官赴地方巡回开庭等最前沿的改革实践就发生在我身边，让我们对于司法改革有非常强烈的参与感，在三巡这个司法改革的前沿阵地之一，我为能够亲历其中的一些事件深感荣幸。

# 我在三巡的实习时光

法律实习生 张啸*

2017 年 8 月，伴随着南京三伏天的离去，作为法律实习生在最高人民法院第三巡回法庭实习的时光也接近尾声了。仍清楚记得初踏入三巡时按捺不住的喜悦、敬畏之情。作为一名法学生，来到国家最高审判机关实习无疑是求学生涯中浓墨重彩的一笔。4 个月的时间，我在这里目睹了法官们的专业、敬业与高山仰止，也亲身感受了行政审判的繁杂、不易与进步，感受到了中国法治建设的成就与大踏步前进。

甫一入三巡，就得知自己被分到耿宝建老师的团队，将作为他的实习助理参与工作，心里又激动又忐忑。在见到耿老师之后，这些复杂的情绪就都被耿老师那句“我们并不是只希望实习生一直做辅助性的工作，我们希望你们可以独立参与案件的办理”变成了认真实习，踏实做事的压力与动力。

---

* 张啸：南京大学法律实习生，2017 年 4 月至 8 月在第三巡回法庭耿宝建审判团队担任实习法官助理。本文写于 2017 年 8 月。

从那时起，我便暗自下定决心要认真做好这份实习工作。

由于近年来行政诉讼法修改和诉讼制度改革的缘故，导致向最高院申请再审的行政案件特别多，我最初被分配的任务就是协助法官助理办理来访接谈并做相应的立案审查。从当事人信息到申请材料的完整度再到起诉期限，都要进行详细的审查，以决定是否予以立案登记。立案是案件进入审判程序的初始环节，也直接关系到上诉人与再审申请人的切身利益，即使是最为不起眼的工作流程也要拿出十分认真的态度完成。这期间我也深刻感受到了立案登记制改革为当事人维权带来的便利，以及随之而来的门槛过低导致立案部门负担繁重的问题，这一切既让我感受到身为法律人的欣慰也让我感受到法律人的任重道远。



实习的第二个月，在熟悉了案件办理流程之后，我便开始逐渐参与案件办理。如霍姆斯大法官所说，“法律的生命不在于逻辑而在于经验”。要成为一个优秀的法律人、使法律发挥其应有的定分止争功能，便离不开对实际案件的接触与分析，离不开使目光往返于事实与法律条文之间的经验积累。在这之中，最基础的工作是校对法律文书。最高人民法院发出的文书代表着最权威的立场，也通常具有最终的法律效力，这自然要求文书的撰写要足够严谨，不得丝毫马虎。相应地，校对文书当中也有着学问，当事人如何罗列、如何称谓，信息不一致时如何取舍，原审文书如何审查等，均需要对案件事实、材料有着全面清晰的了解，并在此基础上一一核对。同时，校对文书的过程也是学习案件办理的过程，校对一份文书，等于做了一份典型案例研究，更为关键的是，能够通过对案件的研读，体察主审法官们对待案件的态度以及处理方法，在我看来，这是更为有益的收获。

撰写审查报告是最具有挑战性同时也最具有成长性的工作。考虑到之前没有实际的办案经验，法官助理让我从最简单的裁定案件写起，但即使是此类程序性的案件，处理起来也并不容易。在各位法官助理的耐心指导与纠错下，我也逐渐从错误中总结到了一些方法。同时，行政诉讼门类庞杂，政府信息公开、行政赔偿、行政征收等等，每一个部分都可以自成体系，对知识储备和专业能力都有很高的要求。在办案过程中，我明显感觉到自己法律知识与素养的不足，比如在办理一起信息公开案件的过程中，我对“政府信息”概念的界定出现了偏差，并以此为依据撰写了审查报告，法官助理对此提出了严肃的批评，并告诫我最高法院的文书代表着最高法院的立场，每一个概念的界定、意见的撰写一定要慎之又慎，否则，错误一旦酿成便不可挽回。我再次认识到责任之重以及坚持学习的重要性。

按照法院层级以及职能划分，最高法院不仅负责上诉案件以及再审案件的审理与裁判，也同时担负着制定司法解释、发布指导案例以统一裁判尺度的责任，这也是依法治国、司法公正的题中之义。实习期间，我也参与到三巡行政审判团队主持汇编的《典型行政案件裁判观点暨裁判文书选编》一书的编撰工作之中。该选编收纳了最高法院本部以及各个巡回法庭的 100 余个典型行政案例，并精心梳理出裁判要旨，分为九种类型予以呈现。这本书对于巡回区甚至全国的行政审判工作都具有重要的典型意义和指导价值。我很荣幸能够参与这项工作，为司法统一贡献了自己的一份绵薄之力。

4 个月很长，足以让我对最高院的工作有初步全面的认识，了解法院的运作状态以及案件审理的程序，同时学到很多课堂上不能获得的技能；4 个月又很短，我还没有来得及仔细品味每个案件背后的审理艺术与裁判方法，也没有来得及完全消化主审法官们传授的经验。但我也深知，这些都不是一蹴而就的，对于法律的理解、对于正义的实践是法律人需要一生去践行的事业。路漫漫其修远兮，吾将上下而求索。

# 我在团队学实务

法律实习生 孙皓邦*

时光飞逝，在最高人民法院第二巡回法庭（三巡）为期一个月的实习到了尾声。巡回法庭作为落实《中共中央关于全面推进依法治国若干重大问题的决定》的重要部署之一，是中国内地司法改革的前线拓荒牛。有幸能到三巡实习，亲身接触、了解司法改革的最新情况，实在获益良多。在三巡法律实习的四周时间里，我获派到周伦军主审法官的审判团队，亲身参与了团队的案件审理工作，体验了最高院审判业务的运作机制。而在团队实习的不同活动也给我带来了丰富多彩的体验，我想就此简单谈一下我的一些感受和想法。

## 主审法官会议

主审法官会议是法官们对拟提审处理的再审案件和疑难

---

* 孙皓邦：香港中文大学法律实习生，2018 年 7 月至 8 月在第三巡回法庭周伦军审判团队实习。本文写于 2018 年 8 月。

复杂案件进行集体研究讨论的法官联席会议。实习期间，我一共旁听了两次主审法官会议。会上，我目睹了主审法官们对案件、对疑难复杂的法律问题进行激烈讨论，唇枪舌剑，各抒己见，畅所欲言。勿庸置疑，各位主审法官一致展示了专业的法学修养和水平。

2018 年 8 月 7 日的主审法官会议上，审议了一个由周伦军主审作为承办人提交上会的案件。在会前一天，周老师让我阅读卷宗和审查报告，并向我简单介绍了案件情况，让我先了解一下该案的事实背景。合议庭意见与一、二审法院认定事实有分歧，主要原因是一、二审法院仅仅审视了诉讼当事人依据的证据和事实，错误认定双方只有合同关系，而忽略了案涉项目中还有其他签署了相同的格式合同、同样参与投资的合伙人的事实。由于案件事实已经由合议庭再行查明，与会的主审法官对于事实认定的讨论，似乎不多；但对于或有跨越不同法律领域或体系的情况，适用什么法律，争议较大。经主审法官连番讨论考虑后，最终建议合议庭进行复议。

主审法官会议不作具法律拘束力的决定，只为合议庭成员处理案件提供意见。对于这种讨论案件的机制我十分认同：一来，可以体现资深法官的集体司法智慧，集合背景不同、审理案件类型不同的法官，将他们的法律见解和司法经验糅合在一起；二来，可以体现“让审理者裁判，让裁判者负责”的原则，对于法官在具体审判工作的独立性有所保障。

## 合议庭合议

在实习期间，我跟随周伦军主审旁听了一次合议庭合议。在旁听过程中，我发现合议庭成员对于案件讨论深入的程度，远远超乎我的预期和想象。我本来以为，除承办人外，合议庭的其他成员或许不会仔细阅读卷宗，而可能较倾向于承办人对案件处理意见。但从我亲身经历的合议庭合议中，看到的真实情况却是每一位主审法官对于案件如何处理都会表达个人看法，对于审查报告内描述的事实亦会仔细阅卷，他们会深入评价承办人对于证据的理解和事实的认定。合议庭的做法一丝不苟，合议庭三位成员都真正展现了真正的审判者、裁判者的素质，令人敬佩。



而我也留意到，合议庭在讨论案件适用法律时，特别注重案件处理将造成怎样的社会影响，例如，银行对于担保人利益置之不顾，无视法律法规和政策，肆意松绑对批出贷款的要求，这样的情况下，法院若容忍银行的不当行为，支持担保有效的主张，将会对银行业和社会发出带有负面影响的信息，变相鼓励银行业的类似行为。在法治国家中，国家最高司法机关的判决，必然对于人民群众之间的互动、行为，产生重要影响。因此，在理解法律时，法官对于社会影响、“大局”有透彻、准确的理解，是必不可少的司法素质之一。虽然我国香港地区实行不同法制，但这样的司法模式可谓大同小异，法官考虑判决对于社会、大局的影响、向社会表达什么信息，非但不是“民意干预审判”，更是理所当然的司法模式，务求令司法决定鼓励社会中的良好守法行为、打击非法不当行为，让法院和社会之间有良性互动。

## 阅卷和草拟再审申请审查报告

审判团队让我阅读两个案件的再审申请书和卷宗，并草拟再审申请审查报告。由于实习时间只有4周，时间仓促，我只能基本完成任务，未能与周老师和审判团队进一步深入交流，实在可惜。在草拟再审申请审查报告时，除了需要疏理一些法律争议之外，更多的时间和精力是投放于阅读案件卷案内的证据材料，判断一、二审事实认定正确与否之上的。

而在拟写再审申请审查报告中，我也深入思考了再审申请案件的处理程序。《民事诉讼法》第二百条规定，如再审申请符合该条所列的十三项事由之一，人民法院应当再审；但十三项事由涵盖的范围广泛，实务上亦包括一、二审查明事实不清、适用法律错误。最高人民法院作为最高司法机构，负有统一裁判尺度、法律研究理解之责。若最高院要花费大量人力物力，处理案件事实认定等审判工作，会占用较多统一裁判尺度、法律研究理解工作的司法资源。由最高人民法院承担的案件量过多，会令最高院难以充分发挥在准确理解法律、确立裁判准则方面的角色和职能。

再审程序应当是国家司法救济最终的“尚方宝剑”，非是最重要、对社会影响极大、和当事人确实承受了重大不公的案件，不宜随便动用。现行审判监督程序倾向于保护诉讼当事人的诉权，不利于诉讼有序高效进行。例如，诉讼当事人因自身原因而没有在一、二审提出自己已经搜集获得的证据，却在再审申请提出所谓“新证据”，妨碍了诉讼有序进行；但若然再申申请形式要求上，确实符合《民事诉讼法》第二百条规定，亦影响一、二审认定事实的有效性，到底最高院应否“当然”受理再审申请，确是现行审监程序法律规定和实务对的、我们必须理顺的一大难题。

## 讨论疑难案件、司法解释草拟稿

审判团队内对于疑难复杂案件的处理，向来讨论热切，主审法官勤纳百言，营造良好的讨论环境，让团队成员能毫无保留地各抒己见。实习过程当中，我亦参与了一个疑难案件的讨论。该案争议为借款人以欺诈手段骗取借款的情况下，银行在审批借款时确有疏忽过失，应否支持银行因其未行使撤销权而担保仍然有效的主张。有观点和案例认同银行主张。

在团队成员鼓励下，我发表了自己的另外两个观点：一是担保有效无效的问题，有别于借款合同有效无效的问题。担保可以情势变更为由撤销；二是支持银行主张，仍然认定担保有效，但由于银行违反对担保人负有的勤勉义务，在审批借款时存在过失，令担保人须为借款承担担保责任，银行应当为此承担侵权赔偿责任，并与担保人应承担的担保责任抵销。

对于这次案件讨论，我感受甚深，本来我的观点应是“人微言轻”，没有参考和讨论价值：一来，我只是一名实习生；二来，我一直在香港接受教育，本来就没有受过正规全面的内地法律教育。但我的观点却在团队的讨论中获得充分考虑，实在令我特别感受到三巡充满着不分你我、寻求真理的、对法律的真诚和热诚。



在审判团队实习中，刚巧碰着最高人民法院民二庭发布了《最高人民法院关于审理公司为他人提供担保纠纷案件适用法律问题的解释》的意见征求稿。周伦军主审对公司法、物权法甚有研究，他召集了团队成员开会讨论该意见征求稿的内容和优劣之处；整理了现行公司法应当如何在保护公司股东（特别是少数股东）和保护善意相对人之间取得平衡的理论基础，并逐条讨论征求意见稿的内容和行文孰优孰劣。

为了让审判团队有机会作比较法研究，周老师还要求我在随后一周就我国香港地区关于公司的相关规定如何处理这类法律问题作一个报告。

## 旁听庭审、讯问

2018 年 8 月 1 日，我们统一旁听了由张爱珍主审担任审判长、汪军主审和马东旭主审担任审判员的合议庭庭审；此外，审判团队亦安排我旁听了两场讯问（其中一个是由我负责草拟审查报告初稿的案件），在观察完庭审和讯问的辩论攻防，特别是律师作为诉讼代理人的表现后，我的感受很复杂，也产生了一些想法。

目前诉讼律师参与庭审表现良莠不齐，主要是因为他们对案件并不熟悉，没有在庭审之前妥当充分地做好预备，无法为当事人充分有效地进行代理，参与诉讼。尽管如此，出于对律师和诉讼当事人的尊重，法官一般不会在庭上直接苛责律师，最多只能进行平和的训诫和劝导。然而，如果要构建法律职业共同体，律师的角色不能仅仅停留在为当事人谋福祉，在每一个案件中不惜一切实施诉讼攻防技术的阶段。更重要的是，律师必须成为维护、彰显每一个司法案件公平正义的力量之一，应当充分协助法庭查明事实。维持自己的专业水平，有效协助法庭，充分维护当事人合法诉权，应当是律师专业操守的指导性原则之一。诉讼当事人向律师支付律师费，参与诉讼，绝对有权利期望律师表现出专业的诉讼能力。而如果实践中对律师的专业有要求，就要配合套相关法律法规，加大力度优化律师的纪律机制：如果律师表现严重低于专业水平，可考虑移送相关机构作出纪律处分。长久下去，律师群体的专业表现水平必能得到有效提升，也就能有效协助法庭查清事实，有利于让人民群众看到自己的诉权得以充分保障，真真正正的在自己的案件中感受到公平正义。

## 学术交流报告

在三巡，除了每一位法官办案高效、高质之外，我还有一点很深的感触就是三巡的学习气氛非常浓厚。全庭上下对于法律学习、进修，向来孜孜不倦。主要体现在三巡不定期举办的“主审法官讲业务”、学术交流报告等活动。“主审法官讲业务”系列活动是主审法官们就某一法律问题进行讲解授课，全庭人员都可以参加，可以借此巩固学术基础，更好地理解、适用法律。学术交流报告则是各团队内部组织的小型交流活动，但也对全庭开放。我在实习期间，也应审判团队要求，分别以“香港信托法简介”“香港民事诉讼法简介”和“香港公司法如何保护与公司签订合同的善意第三人”为题进行了汇报。

我汇报的题目都是由审判团队建议拟定的。这些题目都与审判团队本来正在研究的疑难问题相关，或者是团队成员感兴趣的题目。汇报内容与审判团队实习内容互相配合，有助我进行比较法研究，更深入理解内地在处理有关法律疑难时的法律法规和司法政策，协助我真正理解在审判团队实习内容中不明白的内容，两者可谓相辅相成。

每次汇报后听取汇报的人员都有正面反馈。虽然讲题都是围绕着香港法律，但进行汇报对我来说更有收获。“报听相长”的作用主要体现在汇报后进行的进一步讨论，审判团队或与会人员都热烈地提出不同的法律问题，扼要地说明在内地法律下如何处理，让我更能清楚明白内地相关法律如何适用在实际审判业务中，我获得的知识比起我分享的知识，更加广阔而深入。

正如王旭光副庭长在总结欢送会上发言提及，香港实习生要对中国的法治建设抱有希望，抱有期待。在三巡真真切切感受到最高院法官的专业水平和态度，我对中国推进全面依法治国的进程，抱有殷切的期盼和希望，亦期待在未来能在不同岗位，为国家司法改革略尽绵力。

# 在三巡的一天

法律实习生 李若愚*

2018 年 8 月 21 日，天气晴。

刚结束了杭州的游学旅程，再次回到三巡，继续在庭内办案、学习和工作的生活，颇感宁静而充实。

当天上午有一次主审法官会议，下午听 Matthew 和小艺分别就香港代理制度和土地征收制度作汇报介绍。

上午的主审法官会议是我在三巡旁听的第二次主审法官会议，这次讨论了三个案件。与第一次会议的氛围一样，各位主审老师讨论激烈，非常精彩。

第一个案件是一起民间借贷纠纷再审申请案，再审申请人是出借人，争议焦点为双方之间的法律关系是否为借款关系。原审依据结账说明以及一些其他证据，认定构成合伙关系。双方的款项被分成往来款、借款、投资款三类，其中有 4

---

* 李若愚：香港城市大学法律实习生，2018 年 7 月至 8 月在第三巡回法庭王展飞审判团队实习。本文写于 2018 年 8 月。

项借款内容具有借贷的合意，而其他款项则没有，应认定为合伙。所以认定系争345万元属于双方借款。二审驳回上诉，维持原判。

对于此案应如何裁判，合议庭成员间存在分歧，张爱珍老师认同一审和二审的意见；汪军老师和马东旭老师认为原审孤立地看待了账目明细，没有综合起来看，本案应该提审。汪老师介绍，双方之间除了原审认定的钱款外，原告还从别处借钱，投资到被告的项目中，本金和利息总计800多万，且申请人在被告公司任职，主要职责是融资，很多借款实际都以收条的形式记录。

引发会议讨论是一个证据——原告提供的账目明细表。该明细上有被告的签名，确认“本金和利息总计800多万”。这是否意味着双方之间的借款本金和利息总共有800多万，而非300多万？是否意味着，后来原告和被告的关系从合伙转化为借款关系？

在汇报人再次梳理了证据之后，各位老师依次发言。王展飞老师认为应当采信原告的对账明细，因为原告负责公司财务，而且被告的签字确认无误，文义上无异议，如果否定，则举证责任在被告一方。他支持了合议庭的多数意见，认为双方的合伙关系可能之后发生了变化，双方同意以800多万的数额清算。周伦军、贾清林老师则支持合议庭少数意见，认为一、二审法院的认定比较合适，他们认为仅从一个明细清单，很难得出之前所有的款项都是借款关系这一结论，且在数额方面也与申请人的主张存在差额。耿宝建、仇晓敏老师也认为是合伙关系，而非普通的借款关系，“本金”应如何解释值得进一步探讨。在事实认定有争议的情况下，出于维护既判力的考虑，尽量不提审。王旭光副庭长同意合议庭少数意见，他提到一审的裁判技巧比较好，而且当事人有其他救济渠道，没有必要提起再审。经主审法官们连番讨论考虑后，大家最终建议合议庭组织一次听证后，再复议一次。

第二个讨论的案件有关股东代表诉讼，案件的一个重要争议焦点是关联交易、自我交易应如何认定和解释。申请人认为《公司法》第一百四十六条的“自我交易”应当作出扩大解释。我比较赞同王展飞老师的观点，本案中被申请人没有披露自己的利益，这属于违反忠实义务的典型情形，此种情况下自我交易应当作扩大解释。

这个案子的特殊性还在于，这是一起人大代表关注案件。人大代表制度监督司法机关，是我们现行人民民主政治制度的重要内容。但是这并不是允许人大代表干预个案的审判，而是允许发挥代表联络各界的作用，提供线索，帮助最高法院了解地方法院的问题，履行最高审判机关的审判监督职权。这是现行司法制度下的一种规则，也是人大代表监督司法机关的一种途径，对此不能一概否认或者盲目的排斥。

第三个案子是我们团队的，有关建设工程款的计算问题。再审申请人是施工方，被申请人是发包方，再审的一个理由是有 1000 多万的工程款在一、二审判决中没有得到支持。合议庭一致认为，从合同到鉴定结论、施工情况对这部分工程款都没有争议，而且工程已经完成。一、二审对于此部分诉讼请求没有支持，不符合客观事实，认定有错误，应当予以再审。

其他主审老师也同意合议庭意见，不过建议对当事人双方进行补充询问，之后再复议。

总体来说，今天的主审法官会议实际上大多数时间都在讨论事实问题。事实认定能引发大家这么多讨论，出乎我的预期。没想到最高院的再审案件中，还需要对基本事实予以认定。

香港的终审法院不会对事实问题作实质性分析，只会提审具有重大公共利益的案件，通常只针对法律问题作审查。不过考虑到我国内地的司法制度和香港不同，我们采用的是二审终审制，不是三审终审制，而且现阶段基层法院的判决未必清晰，事实的认定有时到了二审也不一定百分之百清楚，最高院的再审申请审查关注事实认定问题，也是有必要的。

8 月 21 日下午，我们来到多功能厅听汇报。首先，

Matthew 介绍香港法有关代理法和权限的问题。对此香港法律仿照英国法，将此分为实际权限（明示的和默示的）和表面权限。表面权限的门槛比较高，需要满足四个要件：（1）对第三方作出陈述，该陈述表明代理人有权代表公司进行交易；（2）该陈述由拥有实际权限的人作出；（3）第三方依赖了该陈述进行交易；（4）在公司章程细则下，公司有权进行该类交易或授权代理人进行该类交易。我国公司法则采取了美国示范公司法的路径，公司营业的通常事务一般来说有表见权限的，推定代理人有权；对于公司的特别事务，则需要特别授权。

接着我们听小艺介绍了香港的土地征收制度和司法裁判，她认为香港的土地征收制度可以说是成功的，并且有一些好的做法值得借鉴。比如，对于政府在强制征收土地时的程序公正要求、确保补偿金公平合理的机制、使双方当事人诚意谈判的协商机制等。

最后的互动点评环节中，主审老师的点评和同学们的提问使得这一次的报告内容更加丰富，大家思维的交流碰撞拓展了我思考问题的角度。比如对于公司代理和权限的问题，王展飞老师在点评中提到日本公司的对外担保，从倾向于保护公司的利益到侧重于保护交易安全逐渐演变，而促使这种变化产生的原因主要与日本公司的治理结构演变有关。早期日本多为大公司，管理规范，在后来小公司逐渐变多，治理结构不太规范，如果过度强调保护公司治理，会不利于整个社会商事交易的展开。最后他指出，法律与社会经济息息相关，许多法律的问题在很大层面上也是司法政策的选择问题。

时间总是太快，一天就这么悄然而过。离开三巡法庭的日子近在眼前，我更加珍惜这剩下的时光啊！

# 他们在 24 号楼 A1004

魏佳钦*、杨剑**、田也异***、俞雯****

法律的生命不在于逻辑，而在于经验。——霍姆斯

## 一

2018 年国庆刚过，秋老虎终于不再肆虐，三巡园区内丹桂正飘香，仿佛在迎接着刚来的一批新面孔。

“咚咚。”

A1004 的门被推开了，正抱着一堆卷宗准备出门的魏魏和

---

* 魏佳钦：浙江省绍兴市中级人民法院法官助理。2016 年 12 月至 2019 年 1 月借调至第三巡回法庭，任汪军审判团队法官助理。

** 杨剑：浙江省嘉兴市中级人民法院知识产权审判庭法官。2018 年 10 月至 2019 年 1 月参加第三巡回法庭“跟案培训”计划，在汪军审判团队工作。

*** 田也异：江苏省南京市江宁区人民法院法官助理。2018 年 10 月至 2019 年 3 月参与第三巡回法庭“菁才培养”计划，在汪军审判团队工作。

**** 俞雯：南京大学法律实习生，2018 年 10 月至 2019 年 3 月在第三巡回法庭汪军审判团队担任实习法官助理。本文写于 2018 年 11 月。

刚推门进来的女孩撞了个满怀。

“哎呀！”魏魏轻叫了一声，女孩见状，也赶紧迎上前，帮魏魏护住她怀里的卷宗。

女孩摸摸头，脸上满是歉意，“不好意思。”

“你是？”魏魏看着面前这个戴着黑框眼镜、略显青涩的女孩，一瞬间仿佛时空交错，让她看到了多年前刚来法院的自己。她有些晃神。

主审法官正站在女孩身后，突然开了口，拉回了魏魏的思绪，“魏魏，这是我们团队这一次新来的法律实习生，小鱼，就跟你们一个办公室吧，你们有什么工作可以交给她做。”

说完，主审便走了，留下了女孩。

整个办公室不大，进门处是一大一小两个深褐色的书柜，里面摆放着一些书和杂志，书柜顶上摆着四盆绿萝，长长的枝叶垂下来，彼此相映成趣。四张办公桌分列两侧，两两对向，其中三张桌子上都摆了小山堆般的卷宗，虽然摆放得很整齐，依然感觉随时会倒下来。

只有一张办公桌是空着的。想来那就是留给她的位置了。

果然，魏魏摆摆头，指着那个空了的办公桌，对着小鱼说道，“我来介绍一下，我叫魏魏，是借调两年的法官助理，这位是杨哥，这位是大田，都是来这里跟案培训的法官助理，他们也是今天刚来的。”

原来办公室还有两个人，都是很繁忙的样子。

小鱼还在念研三，是当年一批三巡选拔的法律实习生，戴着眼镜、看起来很风趣的大田也是个 90 后，目前在南京市某区法院做法官助理，瘦瘦高高的杨哥则年纪大一点，是个 80 后，经验丰富，已经是浙江省嘉兴市中级人民法院的员额法官了。

小鱼甜甜地叫道，“杨老师好，田老师好。”

“待会有个庭，我先去法庭准备了。”

介绍完毕，魏魏便赶着出门了。

小鱼坐在座位上，打开电脑，望着另外两个人，试探性地问道，“有什么我可以做的吗？”

杨哥听到这话，抬起了头，摸了摸下巴，想了一会，递过来一份判决书，“这里有一份我刚核校完的判决书，你帮我核校一下吧。”

“好，”小鱼接过来，低头掸了一眼：某某与某某金融借款合同纠纷，再一翻，判决主文倒没多少，后面却附带着长长的表格，上面满是密密麻麻的数字，便加问了一句，“这个校对有什么要求吗？”

杨哥答道，“有的。第一，标点符号不能有错；第二，错别字不能有；第三，里面的基本信息都要和原始材料进行核对……”

小鱼歪着头，“原始材料在哪里呢？”

杨哥想了一会，半转了个椅子，指着身后柜子上的案卷材料，“在这里，不多，也就三摞。”

小鱼一米六四，三摞加起来怕是有她一半高……竟然说不多……

小鱼倒吸了一口凉气：“……”

杨哥把案卷抱到了小鱼的桌子上，眨巴眼睛，比了个认真的手势，“加油！”

两个小时后。

临近中午，温暖的阳光从窗外落了进来，杨哥伸伸懒腰，走到小鱼的办公桌前，关切地问道，“怎么样了，小鱼，校对多少了？”

小鱼吞吞吐吐，“那个……有点慢，主文才看一半……”

杨哥了然于胸，“没事，大家都是这样过来的，你校对完了，我还要让大田再看一遍呢，大田看完了，然后再书记员看，发文之前还要主审再看一遍……”

小鱼张大了嘴巴，很是吃惊，“啊，要校对这么多次吗？我以前在基层法院实习也没看到要校对这么多次……”

杨哥拍拍胸脯，“习近平总书记说了，要努力让人民群众在每一个司法案件中感受到公平正义，司法为民嘛，我们汪审也说了，既然在最高院工作，什么叫最高？就要给自己最高的要求！”

说完，杨哥刚转身，就又被叫住了，“杨老师，我想问一个问题。”

杨哥回过头，“什么问题？”

小鱼指着判决书上用铅笔划出的一段话，“就是这个案子里，有个问题，我感觉跟平时在学校学的不太一样……”

杨哥接过判决书，看了一会，恍然大悟，耐心地解释起来，“哦，这个问题，司法实务中一般是这样处理的……”

一旁正准备去接水的大田听到两人的对话，也凑了过来，“杨审法律小课堂开讲了，我也来听听……”

正午的阳光倾泻而下，笼罩在杨哥的身上，一代又一代，司法实践的智慧就这样被传承了下来。

## 二

经过了一段时间的适应，小鱼逐渐习惯了三巡的生活和工作，浦口区位于长江以北，相比较繁华热闹的市区，这里确实显得萧瑟不少，但小鱼的日子却并不因此而空闲，相反有一种难得的规律与充实——每天 7：10 起床，7：50 左右去食堂吃饭，同路上遇到同事道一声亲切的“早上好”，再通过一碗热气腾腾的米粥或豆浆开启崭新的一天。

虽然只是法律实习生，但小鱼也能够大量而密集地接触案件，慢慢地，她开始摸索起案件里的法律关系。还没走出校门的她也见识到了形形色色的当事人，一点点地将学校课堂上学到的东西应用在了实践中，也终于明白过来霍姆斯大法官为什么会说出那句：法律的生命不在于逻辑，而在于经验。

时不时地，三巡还会为大家举办一些讲座，提高大家的业务能力，扩充知识面，每周二的主审法官会议也是她所期待的，每次旁听着主审法官们对案件的探讨，感受着不同法律观点的交锋，她都觉得有春秋诸子百家唇枪舌剑的威威气势。

当然，生活不仅仅有甜，还有苦辣咸。

这天，正写着报告，魏魏突然冲她招了招手，“小鱼啊，你负责的这份文书里有点问题。”

小鱼心头一凉，放下手中的工作，走了过去。

魏魏的电脑正开着审阅模式，薄薄的两页纸，却满是被修订的红色记号。

“这里，代理律师所在的律师事务所写错了，多了两个字，还有这里的法条没核对吧，原文可没有‘和’这个字哦，还有这里，书记员名字写错了……”

越听，小鱼的心越凉，也越想找个地缝钻进去。

三分钟后。

魏魏递给她重新打印好的文书，“好了，就这么多问题，你再看一下有没有问题。”

小鱼回到了座位上，望着手中的文书，发了很久的呆。

魏魏觉得不大对劲，头偏了过来，“小鱼，怎么了，怎么看起来很不开心呢？”

小鱼低下了头，“我没想到一份简简单单的文书，也会犯这么多错误，主审说要对自己有最高的要求，我没做到。”

魏魏一听这话，扑哧笑了，“我还以为什么大不了的事呢，慢慢来，以前我刚进法院的时候，犯的错误比你还要多呢。”

小鱼露出一副不可置信的表情，“真的啊？”

魏魏点头，望着小鱼，眯起了眼睛，似乎是回想起了很久以前的往事，“真的啊，那会我刚出校门，就跟你差不多大，没什么社会经验，直接就考进了法院，一开始看当事人提交的合同都看不懂，还急得哭过鼻子呢。”

真没想到，原来这么严谨细致的魏魏也是一路升级打怪、修炼过来的！

小鱼歪着头，“后来呢？”

魏魏温柔地笑了，“后来啊，慢慢就提高水平了啊，岁月不饶人，一眨眼这么多年就过去了，我的青春都给法院了。”

她又看了眼小鱼，“其实犯错误并不可怕，谁都会犯错误，但是不能每次都犯一样的错误，重要的是要多积累，多总结，更何况，法律本就是实践性很强的学科，不积跬步，无以至千里，不积小流，无以成江河嘛，三巡实习的机会难得，你可要好好珍惜，把握实习时光。”

小鱼若有所思地点点头，她好像明白了，自己虽然即将完成学业、离开学校，但未来的路还很长很长。

不知不觉间，夕阳的余晖落进了 A1004 办公室，又到了法院下班的时候。

办公室勤劳工作的小蜜蜂们准备一起下去打卡吃饭，三个人走到门口，才发现大田落了单。

杨哥一个箭步跨到大田身后，“大田，你还不走啊？”

大田还在奋笔疾书，大声应了一句，“我先把这个案子的争议焦点归纳完，就剩一点点了，案件复杂，灵感突发，今天不写待会就要忘了！”

杨哥语重心长地拍拍大田的肩膀，“好吧，辛苦可怜的大田宝宝，那我们就不等你了哈，你记得待会去吃饭哈，别跟昨天一样忘了时间不吃饭，要可持续发展。”

大田正好在电脑上打完最后一行字，点击“保存”之后，对着杨哥笑道，“知道啦，知道啦，杨大哥，我好了，你说话的时候我已经写完了，走，去吃饭！”

杨哥望了望天，“杨大哥，我怎么听起来怪怪的……”

正按着电梯按钮等待两人的魏魏打趣道，“杨老师可比杨过帅多了……”

欢声笑语间，几个人一起涌向了电梯。

电梯正准备下行，突然远远地来了一句，“等一下。”

大田赶紧按住了电梯按钮。

走进来的是团队主审法官。

“汪老师好！”四个人齐刷刷地叫道。

汪老师走进电梯，笑眯眯地看着这四个年轻人，关心地问道，“都还没走呢，今天工作怎么样……”



## 三

晚上 7 点，热闹的市区早已华灯初上，车水马龙，呈现出一派热闹的景象。三巡所处的地段却显得一片寂静。

这天，小鱼吃完饭，在三巡的图书馆借了一本书，准备拿回办公室看，没想到办公室的门却是开着的。推开门，魏魏正在聚精会神地盯着电脑写什么东西。

魏魏有点惊讶：“哎，小鱼，你怎么来了？”

小鱼举了举手中的《杀死一只知更鸟》，“我找个地儿来看书。”

少了白日热闹的讨论氛围，夜晚的办公室显得有些沉默，只能听到书本的翻动和噼里啪啦的打字声音。

忽然，魏魏的手机响了。

“喂？……”

接完电话，魏魏便开始收拾东西，准备离开办公室。

小鱼问道，“怎么了？着急回去吗？”

魏魏取过打印机上的几张纸，边关机，边解释道，“我儿子发烧了，我得赶紧回去看看。”

魏魏的孩子还很小，她是一个小男孩的妈妈，为了能多陪陪孩子，她常常回到家先陪孩子，等到孩子睡了，再处理一些白天未完成的工作。

走到门口，魏魏又忽然想起什么，回过头，嘱咐了一句，“小鱼，待会回去记得把电脑关机，灯关了，节约资源。”

“好。”小鱼点点头。

魏魏前脚刚走，散完步的大田推开门走了进来，“刚才魏审走得这么着急，怎么回事啊？”

小鱼抬起头说道，“刚才魏老师接了个电话，好像是她儿子发烧了吧，急着回去照顾。”

大田问道，“我看她手里怎么还拿着个文件呢？”

“她后天要在庭里做一个分享讲座，正修改稿子呢，估计是要带回去写吧。”

“魏审不愧是处女座，一向这么勤奋认真。”

大田点点头，重新坐了下来。只见他从旁边取过今天刚分配给自己的案件，解下上面的红色塑料绳，开始研读起案件。

时钟滴答滴答地走着。

一个小时后，小鱼合上了书，站起身，轻声说了一句，“田老师，我先走啦。”

然而却没有得到回应，原来大田正皱着眉头，嘴咬铅笔，抓耳挠腮地不知道正在思索哪个法律问题呢。

小鱼笑了笑，轻手轻脚地关上了门。

踏上走廊的地毯，她看到斜对角汪审的办公室也依然亮着灯。透过虚掩的门缝，她看到了一个正在认真阅卷的身影。

离开大厅的时候，小鱼的目光又瞥到了正中央两排烫金的大字：努力让人民群众在每一个司法案件中感受到公平正义。是那样的庄严而神圣。

明明来三巡时间不长，但她完全和魏魏、杨哥，还有大田一样，觉得身上背负了浓浓的责任感与使命感。

秋日的晚风中已经夹带了浅浅的凉意，走在回宿舍的小路上，小鱼拢了拢身上的外套，回望了一眼身后的审判大楼，十几层，却几乎每一层都有几间办公室还亮着灯。

A1004 的这四个人，看起来很平凡，却是三巡无数法官助理与实习助理的缩影，一如夜晚的三巡大楼，寂静无声，却始终闪耀着星星点点的明亮微光。生生不息，温暖明亮。

且这微光最终会汇聚成最温暖的希望，洒向光明的法治未来。

# 三巡的“反差萌”

法律实习生 高赫阳*

不知不觉来三巡实习已满一个月。一个月来，带着欣喜和好奇去感受三巡，发现三巡真的是一个充满“反差萌”的地方。

## 萌点一：庄严 vs. 温情

初到三巡报到的那天，我们一行人站在三巡的门口，看着飘扬的国旗和高悬的国徽，进了办公楼的大门，映入眼帘的便是“努力让人民群众在每一个司法案件中感受到公平正义”，顿时觉得三巡作为最高法院的巡回法庭，庄严又肃穆。短短几分钟，竟然觉得自己未来半年的实习生活有了一种责任感和使命感，但也对三巡产生了一种距离感，不自觉得担心起如何适应三巡的环境氛围。但接下来发生的事情完全打

---

* 高赫阳：华东师范大学法律实习生，2018 年 10 月至 2019 年 3 月在第三巡回法庭汪军审判团队担任实习法官助理。本文写于 2018 年 11 月。

消了自己的顾虑。三巡的老师们迅速地安排好我们的岗位和住宿，带着我们熟悉工作流程和生活环境，发给实习生的小册子封面上印着“欢迎加入三巡，不负青春时光”，王旭光副庭长也亲切地告诉大家，“进了三巡门，就是三巡人。”一系列充满温情的行为，让我对三巡的距离感逐渐消失，取而代之的是一种骄傲的归属感。

## 萌点二：郊区 vs. 舒适

之前也来过很多次南京，但是从来都没有来过三巡地处的浦口区，在南京的同学甚至和我开玩笑说，过了江北就是另一个城市了。所以当得知实习地点在郊区的时候，心中还是蛮失落的，担心生活条件不够便利。但是三巡，真的是把实习生的生活安排得异常舒适。窗明几净的宿舍拎包即可入住，房间还配备洗衣机，为了方便我们生活，还为我们购买了室内晾衣架，最近还在着力解决我们的饮水和网络问题，可谓是事无巨细。食堂就更不用说啦，每日变着花样又营养均衡，万万没想到我竟然会吃食堂吃胖。

## 萌点三：严肃 vs. 活泼

在工作中，老师们严肃而认真。来三巡的第一天，团队的主审法官汪军老师就告诉我们，最高院意味着最高权威，也就意味着我们在工作中要以最高的标准要求自己。在之后的办案过程中，小到标点符号与措辞，大到案件的处理结果，汪老师也都是以最高的标准来严格要求我们。但是在生活中，老师又经常会展示出活泼的一面，经常会来办公室说一句，“喏，大家把这些水果分一下。”“喏，大家把这些零食分一下。”还会在电梯或食堂偶遇的时候，还会亲切地扯起家常，甚至关心一下学校是不是会给报销住宿费。

## 萌点四：忙碌 vs. 闲适

三巡的案件多且复杂，所以初来的这一个月，大家加班都已经成了家常便饭。晚上九十点钟，经常是办公楼的灯几乎都亮着，宿舍区却一片漆黑。但是在这样忙碌的工作环境下，大家还是会劳逸结合放松身心。晚饭后会一起在活动室的二楼打一局斯诺克或者乒乓球，此外，庭里也举办了各团队间的篮球赛。最有趣的便是小菜园了，之前在公众号上看到的时候就满是惊喜，来了之后还特意去看了一下，满满一园秋葵、茄子、黄瓜还有新种的上海青，藤架上挂满了各种瓜类，在三巡竟然有这样一隅田园，真是太喜欢了。食堂这几天的陈列区，也换上了本季收获的葫芦和丝瓜，实在可爱。

# 我在行政审判团队的日子

法律实习生 许好明*

2018 年 10 月 8 日，我和同校的小伙伴从学校来到三巡，开始了为期六个月的实习生活。被分到行政审判团队后，我以为自己爬上了金字塔的塔尖，没想到这个塔尖是平的。各级法院的行政案件受案量自下而上呈现倒金字塔型结构，“案多人少”是三巡行政审判团队的实况，加班是三巡行政审判团队的日常习惯。一个月太短，不足以窥得三巡全貌，而我才疏学浅，远不能总结三巡的精神。但一个月来，不知从什么时候开始“他们”变成了“我们”，那就用文字记录一下我在三巡行政审判团队的日子吧。

## 工作让我专注

紧张刺激的工作是从整理卷宗开始的。“先来 50 本卷吧。”

* 许好明：南京师范大学法律实习生，2018 年 10 月至 2019 年 1 月在第三巡回法庭耿宝建审判团队担任实习法官助理。本文写于 2018 年 11 月。

可怜幼小又无助的我就这样接过了50本卷宗。我以为这是全部，后来才发现这仅仅只是开始，还好有书记员兄弟照顾，不然我这半年可能会和卷宗终老。我们团队的书记员具有一个优秀书记员应有的所有美德，足够细致，足够条理清晰，足够耐心，对我更多的是照顾，而不是把我当成廉价劳动力。

我安慰自己，我爱工作，工作让我专注，专注引发思考。整理卷宗让我感受最深的，无疑是三巡数千的行政案件受案量。因为行政团队卷宗繁多，第一周的后期是所有实习生帮助行政团队整理卷宗。几个行政团队中，我们团队的卷宗最多。立案登记制改革是广大民众的福音，同时也让我们的工作量大增。不论是立案登记制改革，还是巡回法庭的设置，都在降低当事人的诉讼成本。最高院受理的行政案件只要形式审查通过就能立案，巡回法庭在分流最高院本部案件压力的同时，“审判重心下移、就地解决纠纷”的功能导向，可能刺激了更多的案件涌入法院。仅从行政案件的裁判结果来看，至少我接触过的近百本卷宗里，仅有一份是裁定由最高院提审，其他案件都是裁定驳回再审申请。如果把司法活动视为提供司法公共产品的过程，至少在最高院的行政案件受理及审查中，大多数案件在浪费司法公共产品。在司法的金字塔上，塔顶的功能应该更侧重对全国法院审判工作的指导和监督，更侧重统一司法适用，更侧重制定规则的公共目的。但繁重的行政案件受案量带来的重复劳动，可能会分散最高院有限的司法资源，增加具体办案人员的案件压力和负担，也增加了司法辅助人员的工作压力和负担，比如我现在占用工作时间最多的就是整理卷宗。

2018年11月的第一个周二，我们团队归档了270本卷宗。虽然卷宗整理归档的很多事情都是书记员完成，虽然我在整理卷宗时发出了以上的感慨，但当我用小推车把卷宗推去归档时，内心依然忍不住有种农民丰收的喜悦。如果说法官最大的压力来自案件的审理，就我目前的感受，书记员最大的压力应该来自于卷宗材料的收集整理和归档。整理好的卷宗通过三巡的自查和初审后，书记员小哥哥长舒了一口气。

## 学习让我进步

虽然工作本身也可以成为一种学习方式，但工作的首要功能不是传授知识，而是解决问题，增长知识只是工作可能带来的结果。根正苗红的学习与工作的功能不同，学习的首要功能是增长知识。三巡有很多地方更像法学院而不像法院的存在，让我们仿佛在三巡还可以继续在法学院的学习。

从实习生的管理结构来看，三巡对实习生实行双重管理结构，我们既要接受三巡综合办的统一管理，也要接受所在审判团队的管理，其中以审判团队的管理为主。审判团队的管理像是研究生的导师制，主审法官就是我们的导师，指导我们在三巡的所有工作和学习。我的主审老师就是其中之一的学者型法官。只要我们有想法、想学习，文章就算写得差，主审老师也愿意为我们提供指导。在主审老师的组织和提倡下，行政审判团队组织了不少学者讲座，让我恍然间似乎回到了法学院。

最有仪式感的旁听学习是旁听三巡的主审法官会。主审法官会讨论的案件类型新颖，多数案件属于疑难案件，我们可以直观了解成文法没有规定或者规定模糊不清时，最高法院的法官如何思考。主审法官会讨论的形式新颖，巡回法庭的庭领导一般作为案件讨论的主持人，且一般在最后发表对于案件裁判的意见，领导最后发言的形式可以尽可能保障其他法官独立发表意见。主审法官会讨论的气氛活跃，各种意见中既有规范主义的意见，也有现实主义的意见，且各种意见可以在统一的平台上对话，共同推动问题的解决。

最独特的旁听学习是旁听三巡的“主审法官讲业务”系列活动。“主审法官讲业务”系列活动是三巡的特色活动，自2018年7月16日第一讲开始，至今已举办九讲。活动举办的开放性和活动主题的自主性，让我们可以共享各个主审法官最新或者最满意的研究成果，也让我们可以紧跟司法实践的前沿热点。

## 生活让我长肉

工作和学习都让人容易饿，饭点到了一直是一件让人愉悦又充满期待的事，毕竟三巡的食堂是我吃过最好吃的单位食堂。

在三巡的生活注定要长肉。三巡位置较为偏僻，但法院内生活设施一应俱全。除了食堂和宿舍，三巡还有健身房、篮球场、瑜伽室、桌球室、乒乓球室、图书馆等设施，甚至还有一个隐藏的小菜园。

身边设施齐全让人开心，但忧伤的是工作时，很多设施都没时间使用，光吃不运动，注定要长肉。偏僻的位置外加齐全的设施，不论是借调的法官助理还是法律实习生，在三巡的日常生活都变得比原单位更简单，简单而充实的生活可能会让法官助理愿意将更多的精力投入案件的审理之中。至少在我们团队，大家都会主动加班。有些美食，只有加班的人才能吃到。

我的文字和我的性格一样无趣，但三巡的工作学习和生活真的可以很有趣。当追求快乐成为生命的议题之后，也许我可以在三巡的行政审判团队，发现更多获得快乐的途径。

# 三巡之晨

法律实习生 高原*

我是从清晨六点的阳光开始认识三巡的。

由于有运动的习惯，每天早晨都会和舍友一同去 24 号楼的健身房跑步。于是，从宿舍到健身房之间短短五分钟的路程，便是我每日第一眼所见的三巡模样。

这时的三巡多是寂静的，只见旭日从办公楼的间隙中洒下并不刺眼但令人感到温暖的光芒。万物还未苏醒。偶有风声作伴。

有时也会下淅淅沥沥的雨。入秋的雨已经凉了，细雨潜入天地，连思绪都是潮润润的。雨珠洗去浮尘，绿植的叶片焕发新绿。

等从健身房出来时，三巡已变得热闹起来。办公楼前的平台上有身着特警制服的法警们在晨练，法官们或孑然一身

---

* 高原：复旦大学法律实习生，2018 年 10 月至 2019 年 3 月在第三巡回法庭贾清林审判团队担任实习法官助理。本文写于 2018 年 11 月。

快步走过，或三三两两的结伴而行。踏入食堂，耳朵比眼睛更快地捕捉到信息。在熙熙攘攘的人群中，你可以听见餐具碰撞发出的清脆响声，也可以听见椅子摩擦地面产生的略微刺耳的声音，但更多的，则是听见不同的人声在讨论着各种案件、辩论着各样的法律问题。在这难得的休闲时刻，三巡人心里念着的仍旧是案件，放不下的依然是法律。

这便是三巡的早晨，这便是法律人一天的开始。

待在三巡的日子，满打满算也才一个月出头，但也足以看着楼前树上的苦柚从青色变为金黄，看着大伙的衣服从衬衫换为绒衣，看着初来乍到的实习生们对业务日渐熟练。这种变化让人感到欣喜，因为这意味着我已渐渐融入这个大集体中。在这里生活的时间愈长，我就对这里愈加熟悉，也就对这里愈加喜爱。



在这里，我能看见三巡人在以身践行着“努力让人民群众在每一个司法案件中都感受到公平正义”这一社会主义司法理念：主审们会为了一个法律问题争执到面红耳赤；书记员们为了每日庭审上下奔走；实习生们埋头在卷宗里整理文件；直至夕阳西下，一天将要过去，属于法律人的漫漫长夜才刚刚开始。哪怕已入夜，从宿舍的窗外望去，院内的不少办公室还亮着明晃晃的灯光。那些灯光后，是为了心中的正义理念，还刻苦钻研案件的三巡人。

法是法律人的圭臬，而对法官们来说，它是水，既能载舟，亦能覆舟。那些规整的黑字最终会印在一纸判决上，呈现在当事人的面前。当事人是否能够从判决中感受到公平正义，是检验法的运用的唯一标准。

早晨是夜的前奏，而我们是未来司法的新生。在三巡，除了学习办案的业务能力，更多的还是在静心体会如何做一个合格的法律人。

而现在，则需要以饱满的精力面对新的一天。相互打声招呼，让响亮的嗓音充满活力与激情。

“早上好！”

# 三巡里的南京梦

跟案助理 张才长*

我的家乡在赣江边上。童年的记忆中，江面上满是船只穿梭。村里面很多人靠撑船为生，他们说，乘船顺流而下，可以到南昌、鄱阳湖、长江、南京、大海……南京，这个在他们口中恍若天堂的城市，就这样成了我内心深处隐约的梦幻。虽然成年后为工作奔波，曾两度匆匆路过南京，但都是惊鸿一瞥，没有留下什么印象。随着岁月在逐渐油腻中流逝，南京，这两个字在心中的意义愈发平淡，淡的快要激不起一丝涟漪。

机会总是这样不期而遇。没想到自己会被派到三巡跟案培训，而且在南京江北这一隅之地要待上半年时间。最高法院，法律人心中的最高殿堂，那里仿佛人人自带光环，让人

* 张才长：江西省吉安市中级人民法院民二庭法官。2018 年 7 月至 2019 年 1 月参与第三巡回法庭与江西省高级人民法院合作的定向培训计划，在马东旭审判团队工作。本文写于 2018 年 11 月。

既敬且畏；南京，一座既古老又现代的城市，记忆中好像每一块城砖都写满了历史，空气中弥漫着甜蜜的气息。现在，我来到了这里，站在长江边上，一边是庄严和神圣，一边是厚重和繁华，依稀中仿佛回到了童年的梦境。

曾经高不可攀的最高法院法官就这样出现在了面前。他们虽然脑后没有光环，但在各自的领域都鼎鼎有名。相处时间一久，你便会发现个个均非浪得虚名。王旭光副庭长业务精湛，却又平易近人，生活中对大家嘘寒问暖，庭审中对当事人和律师礼貌客气；虞政平副庭长功底深厚，举手投足都显干练，对每一个案件总能迅速抓住焦点并深入评判；马永欣书记除了身高让人仰视之外，主持水平也让人叹服，参会人员总能在最后一刻感到提升；主审法官们各怀绝技，对各自团队人员在理论、业务上严格要求、悉心指导，在为人、处事上谆谆善诱、身体力行。虽然有时要从温馨的家中辛苦地赶来，但每个周一都让人期待，因为上午的主审法官业务讲座总是能让你收获满满。周二是进一步升华的日子，固定召开的主审法官会议让你在理论的交锋、思想的激辩中不自觉地度过了又一个上午，或者还有一个下午。各个审判法庭的门敞开着，你随时可以去旁听，只要用心，你就能感受到来自庄严的审判席上的光辉。办公楼各层的会议室也经常响起合议庭讨论案件的声音，或轻柔，或激昂，因案件的争议大小而异，但长久不变的，是写在主审法官脸上的真诚。

三巡在我们面前揭开神圣的面纱掉落人间，是在协助主审法官们办案的时候。印象中的最高法院，法官们少有案牍劳形，他们每年办着屈指可数的大要案、新型案，为的是从中提炼放之四海而皆准的法律适用规则，创造新的指导案例；他们更多的时候是在书本、报刊上文采飞扬，在讲台、会议上口吐莲花，让受众豁然开朗、甘之若饴。然而望着那一宗宗不断涌来的案卷，我才发现，在案件办理上，最高法院和下级法院没有本质的区别；司法民工的雅号，既适用于基层法院的法官，同样也适用于最高法院的主审法官。当加班在三巡成为常态，夜晚灯火通明的办公楼，在漆黑寂静的明发总部基地就成了独特的风景；周末办公楼的间间斗室里，也总能看到或多或少的人们，依旧在案卷中挥洒青春和汗水。人们在办公室、食堂和宿舍之间循环，日复一日，三巡也悄然有了“精致的监狱”的名声。报名前来时，心中满是金陵的风景；到团队分案后，脑子里满足复杂的案情。想来在自己的法院上班也没有这般劳累，毕竟，下班回家，周末休息，亲情随时可以平复疲惫的身心，而在三巡，只有加班和疲惫才能让你的内心真正安宁。某日将加班的场景随手发了个朋友圈，收获了许多的“同情”，还有“呦，去南京加班呢”之类的评论。唉，从此只好多发些听课、听会的信息。

来的时候正是盛夏，明发总部基地树木葱茏，三巡小园蔬果繁盛。桂花香过，冷雨飘过，不觉已是初冬。三巡的人们虽换了几茬，但法警们仍然日复一日清早在院子里操练，诉讼服务中心里来访人员依旧人头攒动。期间江必新副院长来时的情景在脑海中一直很清晰。江院长给我们上党课，从十个方面论述了依法治国，让我对依法治国有了崭新的认识和执着的信念；江院长在跟案培训总结会上讲话，从12个方面阐述了工匠精神，冰释了我远离家庭的惆怅，激起了我潜心提升业务的向往。读研时就曾拜读过江院长的大作，折服于其中的深邃思想。现在能现场聆听江院长的教诲，感慨不虚此行的同时，对这位系统内部顶层领导、法学大咖的景仰又深深地多了几重。江院长毕竟是最高法院的副院长，不能在三巡常驻。尽管如此，他每次过来后留下的温馨，不仅不曾冷却，反而日益滋长、蔓延。现在，或长或短时间里在三巡工作的人们都知道了，在这一方小小的天地内，有着“进了三巡门，就是三巡人”的理念，有着互相尊重、携手并进的文化，有着关心爱戴、坦诚相待的氛围……

节假日不加班的时候，到过南京的一些名胜古迹。我贪婪地看着，听着，记着，不想错过每一处细节，那些似曾相识的或者烂熟于心的名字因此变得鲜活，让我思绪纷飞、感慨万千。我知道，这是三巡给的机会。也见到了一些在江南的同学和朋友，一边羡慕着他们，一边也告诉他们三巡的人们和三巡的工作，我看到他们眼中的敬意。来三巡之前，我的心里只有自己的案件和经验，眼中都是本地的风物和人情。现在，不知不觉中我的眼界开了，思维活了，脑子里填充了太多先进的思想、理念和方法，世界简直要为之一新。从来没想过，我的南京梦会以这样的方式实现：在南京的三巡，我看到了中国的繁荣和富强，看到了法律的庄严和权威。这应该就是我的中国梦吧！毕竟跟案培训时间短暂，很快我又要回到江西省吉安市，一个经济欠发达而又历史悠久的革命老区。我的中国梦，就是希望这一方古老的红色土地，曾经的江南望郡，经济更加发展，司法更加公正，人民更加幸福。

盛年不重来，一日难再晨；及时当勉励，岁月不待人。尽管年届不惑，半年的三巡工作经历，重拾了我久违的南京梦，也必将焕发我行将湮灭的热情，勉励我不忘初心，精益求精，努力让人民群众在自己办理的每一个案件中感受到公平正义。

# 收 获

# 三巡小忆

法律研修学者助理 王蔷*

从炎炎夏日到飒飒秋风，在最高人民法院第三巡回法庭三个多月的时光转眼间就过去了。还记得初至三巡时，院门口的几株桔子树上，繁茂的叶子在夏日的热风里正沙沙作响，现如今，一颗颗果实已被秋风吹成了金黄挂满枝头。三个月的时光，所学所悟细细罗列，总有许多可以回味的地方，而如果只是勾勒我作为一个“局外人”对三巡的初印象，则可以用以下几个词、几段话来表达。

## 敬　业

我入住的“招待所”紧挨着三巡，其中一扇窗户还正对着三巡的办公大楼。第一天晚上大约 10 点，我洗漱完毕站在

---

* 王蔷：法律研修学者助理，江苏省无锡市国土资源局工作人员。2018 年 7 月至 10 月在第三巡回法庭驻庭工作，协助法律研修学者顾大松教授开展“集体土地征收补偿法律制度改革研究”课题研究工作。本文写于 2018 年 10 月。

窗户前向外打量着这个新奇的环境，却发现夜色笼罩中的三巡办公大楼灯火通明，一扇一扇窗户透出的白光十分显眼。当时心中生出疑问，这都几点了，还有这么多人加班？随手拍了张照片，发给同在机关的小伙伴，说“法院可真辛苦”。小伙伴打趣到：“都这么晚了，也有可能是忘了关灯呢。”第二天，我休息之前又跑到窗前观望，办公大楼仍旧是亮亮的。第三天、第四天、第五天……留意观察了一周，我明白了，三巡的法官们晚上照常工作，而且绝对不会“忘了”关灯。因为一周以后，我也加入到“忘了关灯”的队伍中来了。主审法官、法官助理、书记员们，大家吃过晚饭稍许散步后，就自觉回办公室开始“上晚班”了。在三巡的这段时间里，我时常被大家的敬业和勤奋感动，每当加班的晚上我遇上问题时，登上 COCALL 想找某位“师父”求教，发现团队成员齐刷刷都在线。面对繁忙的工作，他们总是兢兢业业，想做到更好，而我并不曾听到任何一句抱怨。有一次我搭乘电梯下楼刚好遇到几位主审老师，交谈中得知他们白天大多有庭审安排或者其他工作任务，索性晚上写文书，有时也研究案件。我一看时间，都深夜 11 点多了。

## 严　谨

在三巡期间，我主要配合法律研修学者和审判团队，做好最高人民法院的法律研修项目“集体土地征收补偿法律适用研究”课题调研工作。除行政主审法官参与外，课题还有不少高校老师、土地行政部门的同志参与。“从实践中来，到实践中去。”在课题研究过程中，主审法官有意识地让我参与土地行政案件的具体审理，从个案审理中发现问题，汲取养分。我对土地管理法律法规相对比较熟悉，但也对司法过程的性质、对裁判的方法充满了好奇。协助办理案件以后，才知道原来我们平时拿到的裁判文书，凝聚了承办法官多少时间和心血。每一节事实都需要仔细调查与确认，每一个法条的适用都需要反复斟酌，最高人民法院类似案件的裁判观点也都需要检索和参考。记得在一起“未批先用”的案件中，主审法官反复、多次核对实际用地时间与省政府批准征地时间的差距，之后又与政府部门的同志谈话了解情况，以此考虑赔偿因素。合议庭讨论案件时，主审老师们经常会为案件的一个争点反复讨论；而撰写文书时，更是反复修改、字斟句酌，为一个词的表述，反复与原审法院、与助理们确认。

“魔鬼隐藏在细节里。”在三巡，我经历了庭审和询问、经历了事实调查、经历了老师们对案件的讨论甚至是激烈的争论、经历了裁判文书的制作……每一步都严谨得容不得出一点差错、揉不得一粒沙子。

## 专　业

“职权之所在，即义务之所在，也即责任之所在。”三巡的一份行政裁定书如是写道。来到三巡，我实实在在地感受到了公平正义是怎样“生产”出来的。由于法律规定还不完善，少数行政机关执行法律还不到位，引发了大量集体土地征收与补偿纠纷。通过审理这些案件，三巡先后形成了多个有影响力的裁判，确立了“先补偿后搬迁”“有征收必有补偿，无补偿则无征收”“有权必有责、违法须担责、侵权要赔偿、赔偿应全面”等一系列理念和原则。虽然我来自土地一线执法部门，对专门问题有一定认识，但仍发自内心地被这些裁判文书的说理和对人民群众深切的感情所折服、打动。这也提醒我们，以往一线执法时往往首先考虑的是服从上级的命令，是提高工作的效率，但人民法院关注的更多是公平问题，并且也会通过细致和体系地解释法律的具体规定实现公平。这些裁判引导我们在征收拆迁案件执法过程中，既要把以往那些耳熟能详的法律规定重新翻过来看几遍，真正地理解规定背后的目的和精神；也要真正地重视和执行法律的程序；还要学会换位思考，理解农户对土地的深厚感情，要“公平优先兼顾效率”。

由于提审改判的案件影响比较大，我所在审判团队的主审耿宝建老师还被一些案件的当事人称为“耿青天”。我想，这也是在另一个层面对三巡公正裁判的肯定。

## 情　怀

在三巡开展的"主审法官讲业务"系列活动中，耿老师曾说："显而易见，行政审判是不可能'毕其功于一役''一蹴而就'的，我们必须要有耐心、有韧劲，一件一件接着干，一棒一棒接着跑，一个一个裁判去改正和引导。"这也可以看作是三巡人坚守公平正义情怀的一个注脚。由于缺少必要的"过滤"和"许可"机制，现在三巡的每个行政审判团队每年要审理700件以上的案件。面对如此多的案件，二巡的行政主审老师始终强调，行政申请再审的主要是老百姓，且大多由征收拆迁引发，来三巡的每一个当事人都觉得自己没有受到公平对待，团队成员一定要有"衙斋卧听萧萧竹，疑是民间疾苦声"的意识；对当事人反映的"冤屈"要"宁可信其有，不可信其无"；要做到"求其生而不得，则死者与我皆无恨"的境界。当然，实现这样的目标，团队的工作量会增加很多，只要觉得案情有疑点，不论案件大小都必须谈话、询问、听证或者去当地了解，有时一天会安排3—4场询问。

在三巡和法官助理聊案件，我常说：法院就像医院，法官就像医生：不光要钻研日常医术，还要学术疏理、理论提升，以应对各种"疑难杂症"。医生给病人开药方，法官给社会开药方。而作为行政法官，要给全社会数十个行政机关开依法行政的"药方"，那得有多难，要懂多少知识，挑战有多大呀！或许算得上“神医”了。而支撑他们成为“神医”的，应该只是法律人的情怀，是对公平正义不懈追求的责任感与使命感吧。

最后，我想感谢我们行政审判团队的各位主审老师，感谢你们对我的指导和帮助，你们极高的法律水平和对工作或者说是法治的坚守与热爱，让我心怀敬意，也让我在三巡的每一天都“正能量满满”。在三巡这个友爱的大家庭里度过的美好时光，会是我人生记忆里浓墨重彩的一笔；在三巡所领略到的“裁判的方法”“法律的技艺”，也将支持我更好地思考和处理土地管理权与土地财产权之间的关系；三巡初体验，实在是我最宝贵的一笔财富。

“我们办的不是案件，是他人的人生，更是他人对良善公正的看法。”在我离开三巡回到无锡的前一晚，耿老师在团队的业务交流群发了这样一句话。的确，法律是善良公正之术，对人民来说，唯一的权力来自于法律；而在最高人民法院的法官看来，唯一的权力来自于良心。

秋天是收获的季节。我想，三巡桔子树上那些金灿灿的果实，也正是三巡人的敬业、严谨、专业和他们念兹在兹的公正情怀，所结出的金灿灿的果实。

# 成长与收获

## ——三巡实习心得

法律实习生 李若愚*

时间过得飞快，在最高人民法院第三巡回法庭为期一个月的实习顺利结束了。回忆过去的一个月，是满满的留恋与不舍。提笔至此，首先想对所有向我提供帮助的老师们和同事们表示由衷的感谢，这样才能慢慢总结这段难忘的实习时光。

### 收 获

过去一个月以来，我从不同角度参与到三巡的工作中，每天都能学到新知识、接触新事物，不知不觉间已收获满满。

知行合一，学以致用。在王展飞老师和法官助理牧晗姐

---

* 李若愚：香港城市大学法律实习生，2018 年 7 月至 8 月在第三巡回法庭王展飞审判团队实习。本文写于 2018 年 8 月。

的指导下，我参与了一起二审案件的办理、完成一份40多页的案件审理报告，并列席旁听老师与其他法官的合议会议；在综合办的安排下，我同其他香港实习生一起参观诉讼服务中心、旁听案件庭审，还有幸旁听两次精彩的主审法官会议，看法官们讨论疑难案件。此外，包括王副庭长和虞副庭长在内的八位主审法官为我们授课，分别讲述法官的庭审思路、三巡的成立与发展历程、新行政诉讼法、欺诈发行上市案件中的投资者保护、民事案件的管辖制度、我国环境公益诉讼现状、国有土地房屋征收补偿与司法判例、民事再审制度。这些讲座主题多元，涵盖了从民商法到行政法、从实体到程序的多个主题，让我们从宏观和微观层面，了解我国当下的司法制度和一些热点问题。

三人行，必有我师。在三巡的交流学习从来都是双向的，除了听主审法官们讲课、参加审判团队的工作，我们作为香港实习生也向大家介绍香港的情况。实习第一周，王展飞老师就让我准备做一个信托法方面的报告。我和另一位香港实习生晧邦合作准备，做了一个有关香港信托法和受信义务的专题报告，并结合近期的资管计划产品案件与团队成员们讨论交流。实习第二周，我们六位香港实习生与全庭的法官、内地实习生们座谈，向大家全面介绍香港的司法制度、法院与法官、律师执业资格、律政司、法学教育以及大学生的学习生活等相关情况，引发了大家的热烈讨论。

读万卷书，行万里路。除了参与三巡的日常工作，我们利用周末时间，在综合办的带领下，到上海、苏州和杭州等地进行内容丰富的游学活动，亲身体验江浙沪地区的历史文化与风土人情。先后参观了上海高院、浦东法院、苏州中院以及杭州的互联网法院，还有幸接触到众多自然与人文景观，包括中华艺术宫（原世博会中国馆）、中国第一高楼上海中心、中共一大会址、“天下第一村”华西村，在苏州漫步于拙政园和平江路，在杭州观赏西湖、西溪湿地、钱塘江夜景，参访五四宪法纪念馆以及阿里巴巴公司。

## 感　悟

这次实习期间，我每天都会写日志，四周以来不知不觉记录了 15000 字，翻看自己写下的日志，感悟颇丰。总结下来，主要有三个方面。

一是更加深入了解我国的法院系统。虽然实习只有四周，但我们的行程包含了基层、中级、高级和最高院四级法院。这些法院虽然层级不同、规模不同（例如浦东法院是全国最大的基层法院，比有些中院或高院还大），但在每一个法院都能体会到司法为民的理念。例如，较低的诉讼成本，尤其是行政诉讼，诉讼费才几十元，行政诉讼法修改后采取立案登记制，让诉讼的门槛进一步降低，大大方便了当事人（不过另一方面也带来大量行政诉讼案件，案多人少的矛盾更加明显，如何实现平衡是一个需要探讨的问题）。再如，浦东法院的少年法庭采取圆桌形式，法官的席位与当事人高度几乎一致，法庭内部陈设了绿色植物和写有“爱”的书法作品，让青少年感受到法院的温暖，减少司法程序带给当事人的压力与冲突。

此外，目前所有法院都在推行文书上网和审判公开，公开程度越来越高，有的法院还推行网上立案、查询案件进度，相比之下，香港的法庭庭审都是不直播的，依旧保持着神秘感，而且诉讼成本也很高。江浙沪发达地区的互联网法院（杭州基层法院）和智慧法院（苏州中院）给我留下了深刻的印象，互联网法院以服务群众为中心，七类案件可以实现互联网操作，从立案、提交诉讼材料到庭审、送达文书，都不需要亲自来法院，既方便了当事人、律师，也方便了法官，提高工作效率，减少不必要的人力物力。智慧法院则以电子卷宗和语音识别技术为基础，以服务法官、为法官的工作提供便捷为中心，改善了法院的工作系统——书记员不再需要一个字一个字记录，只需要在语音识别的基础上作修改补充；法官在庭审和合议过程中提到的证据、材料，只要系统里事先作了编号和命名，就可以自动弹出，不需要法官们再从厚厚的纸质卷宗当中寻找；还有内部和外部的文件转运系统，什么人在什么时间接触过卷宗，都记录在系统中，安全又高效。这些技术的、理念的改变正在一点一滴地发生，慢慢影响着法院和司法系统，让人对未来更加期待。

二是提高了自己的专业技能。来三巡之前，虽然我已接受过法学本科、研究生教育，但来法院实习还是第一次，也在这里第一次走进诉讼服务中心，第一次旁听合议和主审法官会议，第一次接触案件撰写审理报告。我曾经以为写报告并非难事，归纳案件事实、找到争议焦点，继而适用相关法律即可。但真正开始写，才意识到自己的学识远远不够。

实习期间，我撰写了一个二审案件的审理报告，这个案件相对复杂，涉及让与担保、附条件的股权转让、无独立请求权第三人的诉讼地位等专业法律问题。卷宗那么厚，该从何处看起、重点关注哪些部分？当事人提交的证据，究竟哪些应该得到采信？对于一个问题，如果我国法律尚未明确规定，又如何分析？这些都是我在撰写报告时遇到的问题。对此，牧晗姐和王老师对我提出了宝贵的建议，事实认定方面主要从真实性和与案件争议焦点的相关性考察，法律分析则要从基础概念的界定和构成要件入手，不能囫囵吞枣，要层次清晰、一步一步写。如果对于一个问题目前的法律没有明确规定，可以考虑学者的学说和司法实践。王老师还建议我参考日本和我国台湾地区学者的著作，在此基础上我对报告进行了两次修改。虽然时间有限，我只研究了这一个案件，但我很感谢慢慢琢磨、思考、改进的过程，从中我切身学习了如何撰写案件审理报告，以及分析一个案件时应该注意的问题。

三是感受到了法官的理想与情怀。之前在律所等机构也会做法律检索、起草各种文件，但大多从客户的角度出发，目标是更好地服务客户。在三巡，一进大楼便能看到“努力让人民群众在每一个司法案件中感受到公平正义”。我觉得这比服务客户更难、要求更高，不仅需要法官保持中立，兼顾各方利益，审慎解释、适用法律，还需要法官具备洞察人情的能力和对公平正义的信仰。在这里我时常能够感受到法官们的家国情怀和社会责任感，这一点是我在其他地方不曾遇到过的。例如，旁听主审法官会议时，我们能感受到法官们对于个案中相对弱势一方的同情，以及对于诚信和守法原则的坚持；在与周伦军老师交流的过程中，周老师多次提醒我们学得本领后要尽可能地回报这个社会，要加倍勤奋，保持学习的态度。我想，之后虽然离开了三巡，步入律师行业，老师们的教导应当铭记在心，不能在忙碌的工作中失去自我，不能为了脚下的六便士而忘记头顶的月亮。

“一朝三巡人，终身三巡人”，前途似海，来日方长。希望能和老师们、同学们保持联系，相信在不久的将来我们会团聚。让我们一起为理想而努力，互相激励、共同进步！

# 时短情长

## ——三巡实习心得

法律实习生 刘楚碧 *

一个月的实习时光在眨眼之间就过去了。回想这一个月时间，我们六位香港实习生共同度过了三巡这个大家庭里的生活，感到既难忘又不舍。短短的一个月，我们一起参加了许多活动，旁听庭审、主审法官会议，参加团队合议，聆听带教法官们的授课，到上海、苏州和杭州等地进行游学……这些多元有趣的活动，让我们可以切身地了解三巡的运作和内地的司法制度，也对中国内地的法治建设有了更加形象的了解。还记得王旭光副庭长第一次与我们见面时说："时间虽短，但希望能尽可能地感受内地的法律制度和法治文化。"我想这个目标是基本完成了，虽然如此，但我想对于内地的司法制度和文化的了解和探讨不仅于此，还需要更多的时间去

---

* 刘楚碧：香港城市大学法律实习生，2018 年 7 月至 8 月在第三巡回法庭汪军审判团队实习。本文写于 2018 年 8 月。

挖掘和沉淀。

在这一个月的实习里，我感受良多。很想把它一一述说，却也知道这并不实际。许多事物都给我留下了强烈而新鲜的刺激，也引起了我的反思与思考。在这里就写几件印象比较深刻的事情吧，为我此次实习做一次美好的记录。

## 互联网科技的发展

初到南京和苏杭，最大的感受就是内地的发展真的可以说是一日千里。钱塘江的灯光秀、宽阔的街道和杭州的互联网法院等都深深地使我意识到大陆的发展已经处于全球领先的地位了。全球首创的互联网法院建设充分地展示了何为“司法为民”：随着时代的改变与进步，司法制度也随之而创新而服务人民的司法需求。这种利用科技解决司法服务滞后的做法，真的令我大开眼界。

在杭州互联网法院，我们并不只是简单的“到此一游”。法院的工作人员向我们深入介绍了互联网法院的运转与工作情况，并且告诉我们实际上有一半的案件都可以通过调解来解决纠纷。这不禁让我思考香港与内地的调解制度和司法文化的差别。香港的调解大多数是当事人双方自愿进行的民间调解；而在内地，相比之下双方当事人却更倾向于在法官的调解下作出让步，所以调解通常几乎不在民间进行，而这无疑大大加重了法院的工作量，与此同时，民间调解制度也无法适度地帮助解决纠纷，而让司法审判更好地集中精力在疑难复杂的案件上。针对这个问题我也向法院的工作人员请教，他们也很诚恳地回应了这个问题。他们表示这种情况主要取决于当事人双方，不论是民间调解还是法院调解，当事人都有一定的自由权去选择，想要化解这个问题，比较恰当的方法就是不断提升民间调解的专业水平与信赖度，使更多的人愿意使用民间调解。他们也表示，在司法改革的进程中肯定有许多问题需要不断地去完善。互联网法院作为司法领域内新时代的产物，更需要不断地完善，不断探索创新，来优化司法资源配置。

## 司法工作者的专业精神

通过近一个月时光的学习工作，在这几十天的朝夕相对中，我对内地司法人员有了更进一步的认识。作为带教法官的主审老师们每人都为我们开展了一次专题授课，课题内容切合我们认知需要，也非常有意义。像王展飞老师的司法改革下申请再审制度和贾清林老师的环境公益诉讼的专题座谈会，他们不仅就专题内容和制度发展作讲解，还会对最新的司法解释、前沿法律学说以及社会关注的热点问题提出自己的见解和看法。从分享中我可以深刻感受到他们对国家和对社会发展的担当精神。这其实也是一种精神价值的传输和教育，让我们知道从事法律工作不仅仅是为了某些利益，而是在整个历史进程中，就像是王旭光副庭长所讲的“如何能够让司法服务人民群众，回应民众对司法的需求”。

提起专业精神，主审法官团队的专业、认真、担当令我钦佩。在所有活动中，我印象最深刻的还是跟着法官团队一起办理案件。作为一个实习生，在实习期间能够独立撰写一份审理报告着实出乎我的意料，尤其是我还是一名香港实习生，所学习的法律属于英美法系，与大陆法体系纵然有相似的法学理念，但在制度上还是截然不同。这对我来说是一次非常难得的机会。当然这也需要汪军老师的帮忙，愿意让我协办再审申请的案子，也感谢团队的帮忙，教导我如何写一个审理报告和修改报告格式。



在汪老师的指点和团队成员的帮助下，我完成了审理报告。还记得我把写好的审理报告交给汪老师看时，我对于《民事诉讼法》第五十六条有关“第三人撤销之诉的无独三请求权”的“在法律上有利害关系”这一点尚且有疑惑，汪老师十分耐心地为我解说；当我不断提出质疑时，汪老师就更深入地讲解，并且举例反复说明。可见汪老师对于法律条文的认识之深刻、审判经验之丰富。而这对一个实习生来讲，学到的不只是书本上的法律知识，更有法官对专业领域知识的经验与技巧，更体现了法官的专业精神。还有，团队里的小伙伴们和不同岗位的法官助理和书记员，他们工作时的认真和专业也给我留下很深的印象，对每一份审理报告、每一份文书，都是认真到连一个错别字也不放过。

## 实习生活的感悟

留下深刻印象的事情有许多，给我带来特别体会的还有在这里的生活。在三巡里，我们就好像一家人一起学习、一起成长，无论是哪个团队举办了什么样的活动，都会积极热情地邀请全庭人员参加，欢迎大家分享自己的看法。周伦军老师和王展飞老师团队所在的五层就经常发起一些有关学术论文的专题报告会。在报告后，实习生和助理们都可以进行发言讨论，学习气氛非常浓厚。报告时间往往定在晚饭后，实际上已经属于非工作时间了，但是我看到很多助理、实习生都孜孜不倦地在一天忙碌的工作后继续投入学习当中。这学习精神非常值得我学习。

不了解内地法律制度的人可能会说，内地的发展有待建立一套更完善的制度和秩序。但其实，每一个国家或地方的发展都不会一蹴而就，一开始就拥有完美的发展计划。发展的重点实际上应该是在面对和处理社会问题的同时，与时俱进地根据其需要不断修改和完善发展计划。我觉得这一点内地做得很不错。在回应社会需求和处理一些问题上，我国政府的能力和诚意是有目共睹的。比如说应对社会犯罪活动的问题，我国各地政府都迅速回应，通过科技手段降低犯罪率。在街道上一路都可以看到摄像头，这就形成了有效的监控网络。虽然这些举措并不能彻底消除犯罪行为，但是却可以有效地警告犯罪分子，使得他们在犯错之前三思而后行。而我在很多情况下都听到过内地人表示，基于这些摄像头的协助，他们都感觉到在城市生活很安全。虽然在其他地方实施这些举措可能会引起有关人权和人身安全等问题的讨论，但不能否认这个方法确实能够帮助处理和解决一些社会问题。

此外，我对内地城市对新事物的开放和接受程度大为惊讶。在游学过程中，我看到了很多新建的、在建的高楼大厦，这使我深深地感受到了城市发展的脉动。而且，内地居民对新技术也比较容易接受并使用。例如，我在南京实习的时候，使用得最多的是APP。我们打车用APP、点外卖用APP、买包包用APP……电子商务的大量使用极大地缩短了交易时间、方便了人们生活。微信支付在香港已经推行有一段时间了，但还不是普遍流行。当中固然有很多原因使电子支付不在香港流行，但是见微知著，可见内地的居民对新事物的接受度是非常高的。

回顾这次实习，虽然时间很短，但是在这么短的时间里，多彩的实习活动让我有了一段丰富和充实的实习经历，我将不忘此行。

# 质疑小方桌上的“世界”

## ——实习工作总结

法律实习生 张梦圆*

在浦珠北路88号A806里，有一张方桌，摆着一台深红色的笔记本电脑，摆着一沓沓草稿纸和几支笔，摆着一摞摞案卷和审查报告，摆着一个薄荷绿的卡通玻璃杯，而这简朴又些许凌乱的小方桌就是承载着我在三巡六个月实习的小世界。每天早上八点，走进办公室，把小方桌擦干净，泡上一杯茶，开启电脑，打开案卷，于是一天的实习就在这一方小世界里有条不紊的开始了！在这个小世界里，我探寻着人们日常交往、商业交易和悲欢离合背后的法律精神和司法真谛，我领略着法律的力量和司法的魅力，我学会发现自我、挖掘自我、反思自我、提升自我，我也感受着工作带来的踏实感和成就感，以及法院的温暖和关怀。

---

* 张梦圆：东南大学法律实习生，2017年5月至11月在第三巡回法庭王旭光审判团队担任实习法官助理。本文写于2017年11月。

**——我与小方桌第一次相遇，那时的它还没有铺满案卷材料和审查报告，但从此它就成了我在三巡的主要驻扎地。**

三巡并未坐落于南京繁华的市区，从东南大学九龙湖校区出发，我要历时近两个小时，经历公交转地铁再转公交，穿过扬子江隧道的漫长路程。远远望去，三巡安静地坐落在远离城市喧嚣的郊区，金色的阳光下灰色的建筑更呈现出严肃沉稳之感。第一次踏入三巡的大门，看到大楼中央挂着庄严神圣的国徽，便心生敬畏；一走进办公大楼，烫金色字体“努力让人民群众在每一个司法案件中感受到公平正义”便映入眼帘，心中顿时肃然起敬，让我深深感受到法官身上所肩负的主持公平与正义的重任。最高院作为每一位法学学生心中的神圣殿堂，它曾经似乎离我那样遥远，而如今我即将走进它，即将近距离接触全国最优秀的审判工作者，能近距离感受司法的权威，心中满怀憧憬，又紧张忐忑。

**——我的小方桌也逐渐摆满了小零食、咖啡、茶叶等各种私人物品，开始变得满满当当，成为了我的专属办公桌。**

当我从一开始“初来乍到”的惴惴不安、诚惶诚恐，到逐渐融入三巡，慢慢发现它严肃面纱下的活泼与温暖。我们的团队就是一个小家庭，王庭长是我们的大家长，即使公务繁忙，也会在工作的间隙，来办公室和我们聊聊生活、聊聊案子，给予我们生活、学习和工作上的指导。会在每次团队会议时，和我们分享多年的审判经验，让我们受益匪浅，也会鼓励我们多发言，尊重我们的意见和想法，锻炼我们的独立思考能力和批判性思维；会在降温的天气里，和我们分享热乎乎的姜茶，也会在我们疲惫时，为我们带来家乡特产，消困解乏。我们和法官助理老师、书记员五个人在一间办公室里，温暖却不觉得拥挤，我们会在案件的讨论中碰撞出思维的火花，我们会谈论未来的方向和发展，我们会在感到饥肠辘辘时分享彼此的零食，我们会在午饭后约一局乒乓球消消食……三巡这个大家庭也是热闹非凡，我们作为三巡的一份子参与到三巡的各项活动和会议中，深深融入这个大家庭，从庭长到主审法官，从法官助理到书记员，从综合办的同事们到法警，甚至是保洁阿姨，都会微笑着和我们打招呼，聊几句，而我们也成为了三巡一道独特的风景线。



**——不知何时，我的那张小方桌摆上了厚厚一摞审查报告和资料论文，还有各种参考书籍，些许凌乱而又丰富。**

三巡并未因为我们只是法律实习生而对我们降低要求，也并未因为我们只是法律实习生而让我们这个不能干，那个不敢干，只是打打杂。在这里，我们真刀实枪的参与案件审查和审理的全过程，参与三巡工作的每一个环节，参与司法进程的每一步。我们负责的每一个案件，都是将全套的案卷资料交到我们手上，在主审法官和法官助理的指导下，我们从阅卷、撰写审查报告、团队讨论到合议案件、开庭审理或询问、撰写裁定书和判决书等，全程参与、独立思考。此外，我们还会参与到疑难复杂和重大问题的专项调研和研究中，形成具有指导性的法律意见。三巡给了我们最大的空间走进它，走进司法工作的方方面面。

实习期间在每一件案件的办理中，我深深感受到了作为一名学生的单纯和幼稚。案件的处理绝不只是试卷上的案例论述题，它涉及权利保障、社会和谐、法律与道德的平衡等一系列复杂的社会现实，需要在法律的框架内寻找个人利益和社会利益的最大公约数，它需要审判人员运用所学，作出令各方信服的裁判。如何运用司法维护社会公平与正义，定分止争，实现法律效果和社会效果的统一，不只需要扎实的法律知识，更需要对社会现实和生活本质的通透把握，这是一种人生阅历，更是一种经历过风浪之后的生活智慧。最高院的法官都是业务骨干，在每一次团队会议、案件合议中，我都能听到他们对案件涉及的法律问题和社会问题的独到见解，各种中外司法实践和学术观点也是信手拈来，他们既有深厚的理论功底，也有丰富的审判经验，每一次案件的合议就是一次令人受益匪浅的法律课堂，在他们对案件的处理中，我真切感受到了优秀法官的审判思维和法律背后的精神与内核，感受到他们为人处世的生活智慧。

此外，在这里我们不仅加强了理论与实践的结合，学习了最专业的司法审判经验，也学习了优秀法官的品行与气度。他们对工作的热爱，他们对案件处理的严谨，他们对当事人的负责，他们对知识的不懈探索。在我处理的一起行政诉讼案件中，因为案件事实比较清楚，处理思路也比较明确，其中一些细节就没有太注意，但是主审法官在发现这些细节之后，要求我们去当地核实，保证没有任何一点疏漏和不明确，切实保障当事人的合法权益。其实，最高院法官的工作并不轻松，案件多且复杂，还有审理期限的要求，加班是工作的常态，且工作压力极大，但在这样的情况下，他们没有任何的懈怠，对每件案件的办理都是精益求精。他们在自己的岗位上兢兢业业，用法律的武器保障着公平与正义。这种严谨负责的态度，这种对司法审判工作的审慎与敬畏，是我们作为法律学习者和工作者必须始终秉持的职业道德和素养，我们要始终坚守这方净土，不忘初心。

作为王庭长团队的一员，毫无疑问平时接触最多的就是王庭长了。作为一名主审法官，当时他还兼任三巡的副庭长，需要同时兼顾审判事务与行政管理事务，既有案件办理的压力，还有法庭大大小小的事务需要处理，在我写这份实习心得的这个星期，王庭长就一连奔赴三个地方出差工作。他曾经笑称："我不是在开会，就是在开会的路上。"于是在我们结束了一天的实习想着如何放松时，为了不耽误案件的审理，王庭长还在办公室看着成堆的案卷和报告，每一天都被工作塞得满满当当，然而他却永远保持着昂扬的工作状态和规律的生活习惯，我想这就是强者所必须具备的个人素养和职业素养。

**——小方桌上的书籍和物品被我一样样的搬了回去，渐渐空了起来。**

一转眼，从春末到初冬，6个月的实习即将画上句号，我们也将和三巡说一声再见，相聚总是伴随着分别，感谢三巡，给了我们宝贵的机会，去学习，去成长。我们以干促学，在工作中发现自我、反思自我和完善自我，拓宽视野，学习融会贯通、破除狭隘，培养独立思考的能力和批判性思维，也加强了对自己本专业知识的学习和理解；每一件案件的合议与审理都是一堂令人受益匪浅的法律讲堂，我们在聆听合议和庭审中，感受司法的魅力，感受法官的智慧与底蕴，学习专业审判经验，也学习他们的品行与气度。感谢相遇，6个月的实习，不长却意义深远，忙碌更收获颇丰。我们也将带着三巡教给我们的累累硕果，走上新的路途，和三巡道一声：再会！

# 时光留下永恒的记忆

法律实习生 徐凯悦*

时光留下永恒的记忆，4个月来，在指导老师汪军法官及其团队的指导和帮助下，我辅助参与了案件审理、起草法律文书、案例研究等工作，着实受益良多。汪老师的谆谆教诲与细心指导，为我今后的学习与工作指引了前进的方向。而与我一同加入实习的同窗以及师兄师姐们，在工作中也给予了我莫大的支持与帮助。

严谨是法律人永恒的指向标，实习以来，我始终记得汪老师的教诲，将严谨的态度贯穿于工作过程中，这也是我实习以来最大的收获。最高人民法院代表着司法裁判的最高权威，意味着我们向外界出具的文书不容出错，当事人的信息、裁判理由的措辞乃至标点符号都须经过多次的审查，为确保每一份文书的正确性，需要反复进行校对。当然，严谨不仅

---

* 徐凯悦：南京大学法律实习生，2017年4月至8月在第三巡回法庭汪军审判团队担任实习法官助理。本文写于2017年8月。

仅要求我们不犯细节上的错误，更要求我们作出判决裁定的时候注重前后一致、逻辑严密、条理清晰。在刚开始草拟裁定书时，对于裁判理由部分内容的把握总是不太到位，措辞的严谨性、用语的规范性、逻辑的严密性都未达到合格的标准，在汪老师及法官助理魏佳钦姐姐的指导和帮助下，经过多次修改以及多个案件的锻炼，对每个案子的语言表述进行反复的推敲、斟酌，我终于在裁判文书的写作上取得了很大的进步。

在学校学习时，以理论学习为重点，对于民商事方面的问题以国内外的理论为主要学习对象，附带结合国内外案例进行深入研究。而在三巡实习过程中，我更加深刻地体会到案例对审判工作的重要性。有争议的案件往往以最高法院作出的裁判为标杆，依据判例的规则体会最高院在此类争议问题上的态度；法律上规定不够明确的案件，也注重学术界关于此类争议问题的研究。刚来三巡实习时，我便接触了一个公司法人格否认的案件，虽然该案件最后以当事人和解撤回再审申请结案，但在办理的过程中，我查阅了很多国内外关于公司法人格否认的案例以及学者写的研究性文章，并自己起草了一份案例研究报告，也因此对有关公司法人格的问题有了更深的认识。

市场经济飞速发展，人们的交往加深之后难免会产生矛盾，司法的目的在于化解当事人之间的矛盾，促进社会和谐，解决纠纷最理想的方式便是促成当事人自行达成和解。在三巡实习的这段时间，我参与了部分案件的当事人在汪老师主持下自行达成和解协议的过程。促成当事人的和解，需要对双方法律依据有充分的认识，亦需要准确把握双方情理上的平衡，这是法理与情理的结合。从法理上来说，从事与法律相关的职业应时刻保持极强的专业性，理论与实践应当是紧密结合而非各自为政的关系，扎实的理论功底是成为一名合格法律人的重要前提。在这段实习工作中，我深切地体会到自身专业知识的匮乏，意识到这不仅影响我能否对当事人之间的争议给出一个妥善的解决方式，更影响我能否辨别出当事人陈述的法律漏洞以保持自身的严谨性及中立性。在今后的学习乃至之后的职业生涯中，我会不断加强法学理论的学习，提升自身法学素养。而情理的把握则需要社会经历与经验的不断累积，塑造出善于从不同的角度思考对待事物、处理问题的方法和途径，我想，这或许会是一个更加漫长的学习历程。

在法院实习有一个得天独厚的优势，那就是可以接触到一个案件从起诉到结案的全部过程。与此同时，也会在过程中遇到从始至终参与一起案件的各类诉讼角色。在实习过程中，我不仅站在法院的角度学习了如何处理案件以实现公平正义，而且在与诉讼当事人或代理人沟通、旁听庭审、观察当事人及代理人行为的过程中，总结出了今后从事法律相关职业所需要的职业素养。庭审是法官最直接了解案件来龙去脉的关键环节，作为当事人及代理人，应当将案件中最关键的部分展现在庭审中，庭审中的证据展示以及案件事实的表述更需要简明扼要。这也使我认识到，无论今后从事何种法律职业，都应对自己承接的案子有清晰的案情脉络，在材料的准备上应做到充分且有力，如前期通过裁判文书网进行类似案件的检索，条理清晰地写作法律文书，庭审时对证据材料进行简明扼要的陈述等。

要成为一名合格的法律人，不仅需要严谨的办案态度、广博的专业知识，更需要丰富的实践经验，非常庆幸能够拥有这样一个将理论应用于实践的机会，我将永远铭记这段经历。

# 蝴蝶效应

## ——三巡实习总结

法律实习生 陆家豪*

民国时期，东吴大学法儒王伯琦先生就已于《法学：科学乎？艺术乎？》一文中展开了对法学究为一门科学的学问抑或艺术的学问之追问，其结论谓，法学中虽含有艺术的成分，但本质上仍是一种科学。因为社会的安宁秩序，全靠法律的科学性来维持，而所谓法治，就是发挥法律的科学精神。抱着对此种科学精神的索求，我来到最高院第三巡回法庭实习，以内部视角一窥我国最高司法机关之堂奥，在这里，能真正接触推动法学发展的真正生命力所在——真实的法学案例，而经过六个月的打磨，我自身的进步也是显而易见。

实习期间，我负责的最主要工作为民商事二审案件与再审案件审查报告的撰写、汇报案件供合议庭合议、法律文书的起草与校对，能来到最高法院的案件，多非“等闲之辈”，

---

* 陆家豪：苏州大学法律实习生，2017 年 5 月至 11 月先后在第三巡回法庭毛宜全、虞政平审判团队担任实习法官助理。本文写于 2017 年 11 月。

每个案件都需要以梳理案件事实为始，历经归纳诉求与理由、总结争议焦点、做相关法律研究、类案检索，以给出初步的承办意见为终，形成一份以上述内容为灵肉的审查报告。而这只是开端，随后需在主审法官的把关之下送交合议，需概括归纳案情，用最简短精炼的语言向合议庭成员作汇报，以供合议庭成员作合议之参考，如果合议庭形成一致意见，法律文书的草拟与校对则为实习助理对此案件的最终工作，而最后一关的容错率也是最低的，裁判实务本身就是一门容错率几乎为零的学问，在此过程中经历的教义学博弈、利益学衡量、以及游走于事实与法律之间的困苦与成就感，恐怕只有通过真正的实操训练才能深切体会。从初来时的手足无措到逐渐的得心应手，这过程亦然离不开主审法官、法官助理、书记员的悉心指导，也正是他们对我这位“法学准新手”无条件的信任感，才能让我得以在这半年迅速成长，毫无疑问，在这里的经历将使我受益终生。

沉浸于一项项事无巨细的工作中，我以一个旁观者的身份真正明白了身为一名法官的荣耀与责任。而从这些中跳脱出来，于我自身而言，在这里以实务案件去反哺民商法知识的不足，这样的反哺过程对于记忆的作用某种意义上比书本更加明显，而真正亲历了整个案件的审判过程之后，对该案涉及的某项具体法律制度也体会更深，如在做硕士论文研究时，也不会仅仅以某种莫须有的书生意气做一些天马行空的解释论建构，而是养成真正建立立足于我国司法实务的问题意识，以司法实务的问题来进行我国具体法条的解释论建构与评注作业，这份实习工作使我进行了一次深刻且彻底的知识性反思，也体会到了王泽鉴先生所言的，若将法律比喻为人的身体，则判例为其血肉筋骨，学说为其神经，实务与理论相互为用，促进法律的成长与发达。

而在整个实习过程中，最需要感谢我的主审法官毛宜全老师和虞政平老师，毛老师对于我基于粗心过失而犯的一些错误的提点与容忍，让我自责的同时满怀感激，其对法律文书校对之仔细，措辞表述拿捏之精当，皆让我叹服，每每当我拿着文书初稿交给毛老师，回来后均为一份言语精炼、措辞精准、表述得当的法律文书，感慨自身功力不足的同时深觉毛老师像个“魔术师”。虽在虞老师的带领下任事不久，但仅一次疑难案件的讨论就能感受到虞老师深厚扎实的法学功底，其抓住核心法律问题一针见血，恰如真正的武林高手过招，仅需一招致命，其阐释问题时，声音浑厚有力，气势如虹，颇有乃师江平先生之风范，在不知不觉忘记时空的聆听中，学到不少已经是一个自然而然的过程了。

总而言之，法律是否为一门科学我尚且不可获知，或许永久不可获知，而经历这份实习，回眸自身，仍有诸多不足需要去修正，仍有漫长道路需要去行走，但正如茨威格所言，这种充满戏剧性和命运攸关的时刻在个人的一生中和在历史的进行中都十分难得；这种时刻往往只发生在某一天、某一小时甚至常常只发生在某一分钟，但它们的决定性影响却超越时间。在三巡实习的每一天于我而言都意义重大，虽然即将离开三巡回归校园，但在三巡的宝贵经历，将在我的人生中慢慢展现出它的“蝴蝶效应”。

# 一次难得的机遇

## ——实习工作总结

法律实习生 宋国震*

2017年5月20日至11月21日，从酷夏到立冬，在最高人民法院第三巡回法庭为期六个月的实习，是我人生中一段宝贵的经历。作为一名法学院研究生，能够有机会进入国家最高司法审判机关参与案件的受理、审查、庭审以及裁判文书草拟等过程，是对我法学功底和素养的一次挑战，更是一次千载难逢提升自己的机遇。

实习期间，我最先接触的是申请再审案件审查报告的撰写。主审法官张爱珍老师向我简要介绍了审查报告的目的、用途、内容要求以及格式方面应注意的事项，并给我一份另案审查报告作为参考，就大胆放手让我自己尝试写一份报告。起初以为照着葫芦画瓢应当不难，很快写完交给张老师，张

* 宋国震：复旦大学法律实习生，2017年5月至11月在第三巡回法庭张爱珍审判团队担任实习法官助理。本文写于2017年11月。

老师仔细看后给我圈出很多表达不适当或者可以更加精炼准确的地方，让我对这项工作有了重新的认识。

站在岸上学不会游泳，在学校更多是知识和理论的学习，法院工作是直接审判案件。司法考试题目和课堂案例多是由现实案例改编，会突出某类法律问题，隐去许多细节。与课堂案例和模拟法庭相比，在法院实习接触的材料更真实、信息更细致，对双方当事人的利益诉求更明晰。由此也锻炼了自己从证据材料、双方当事人诉辩主张中甄别法律真实，在此基础上对双方当事人的争议焦点归纳总结，并对相关法律问题作出合法合理的分析论证。

法庭也是在三巡学习的一个重要课堂。由张老师担任承办法官的案件我们实习生一般都会参与庭审。在庭审中，观察法官们如何引导双方当事人及其委托诉讼代理人高效参与庭审，比如准确归纳争议焦点、控制庭审的节奏、在一些特殊案件中还要稳定当事人情绪，这一切都是为了能够公正高效地审理案件，及时维护当事人的权益。开庭后合议庭法官会对案件进行合议，我们实习生也有幸可以参加。在这里能够听到法官们对案件事实的把握，总是可以从厚厚的卷宗及双方当事人矛盾的陈述中找到问题关键；法官们对法律问题的讨论亦相当精彩，从法条到法理，从维护当事人的权益到维护社会公共利益，每一个案件都在他们那里经过充分的讨论研究，以保证公正审判，维护正义。

通过在三巡的实习，也使我加深了对法律的理解。法典中的法条是调整社会关系的抽象规范，由法条到法条的研究不免限于空洞。在真实案件中解释法律、适用法律，不仅需要理解法条的字面含义，更要理解法条背后的立法精神和价值取向。权利和义务的分配，直接影响到当事人的切身利益，会影响一个家庭的生活和企业的运转。尤其在最高人民法院，所作判决具有价值导向和示范作用，法官们不仅从调整双方当事人的角度思考，还要站到调整社会关系、维护社会公平正义的角度理解法律、适用法律。以实际行动诠释了“努力让人民群众在每一个司法案件中感受到公平正义”的奋斗目标。

另外，我们也非常有幸参加了多场最高人民法院的培训讲座。比如大数据应用、法律检索技巧、民法总则的理解适用等主题的培训，均以高屋建瓴的视角审视剖析我国司法审判中的重要问题。作为实习生也有机会参与其中，极大拓宽了自己的视野。

来到古都南京，在我国最高审判机关实习，有良师和益友，有感性认识和理性思考，在这里的半年使我成长很多。我相信，离别是为了更好的重逢，在以后的工作中，我将继续以在三巡实习的精神面貌，严格要求自己，不断磨炼充实自己，为我国的法治事业作出自己的一份贡献。

# 从法学院到法院有多远

## ——三巡实习工作总结

法律实习生 吕森凤*

康德哲学认为，人先天具备一种独立于外在的认知能力即纯粹理性，纯粹理性帮助人形成的认知范围是有限的，人的认知能力可以在与外在交往的过程中依靠实践理性得到进一步拓展，那些可普遍化的规则、原则（包括法律规范）即人凭借实践理性发现的。幸运如我，作为最高人民法院第三巡回法庭的首批法律实习生，在三巡各位师长的帮助和指导之下，得以完成了一次从法学院到法院的飞行体验，深化了自己对法律知识和司法实践的理解。

邂逅三巡行政审判团队，在繁重细琐的文书工作中我领略到了审判实践的严肃、审慎之义。6个月以来，我一共撰写了80份文书，其中审查报告46份，裁定书34份，协助法官助理和书记员校对文书百份有余。任何一个申请再审案件，

---

* 吕森凤：苏州大学法律实习生，2017年5月至11月在第三巡回法庭白雅丽审判团队担任实习法官助理。本文写于2017年11月。

无论繁简，从受理到结案都会得到整个审判团队的认真对待。但凡案件事实有模糊之处，都会启动询问程序予以核查，法律适用部分也一定会经过法官助理、主审法官、合议庭甚至主审法官会议的反复推敲与辩论。文书定稿之后，仍然需要团队成员交替进行读校、点校与评校工作。在浩大的工程量面前，审判团队的成员表现出难为外人所理解的耐心、毅力与从容，究其缘由，他们亦秉持着法官职业团体独有的对司法事业的信念：尊重每一道司法程序的意义，于个案中践行普遍正义，维系司法应有之权威。

当我渐渐习惯了三巡的审判工作，它却又开始以冲击视野的方式增益吾所不能、帮助我滋养法律人的心智。位于司法权力架构的顶层，不同于下级法院用确定的法律规范涵摄不确定之事实的努力，三巡更多地关注法律规范自身的正当性、法律解释的多元性以及巡回区范围内裁判尺度的统一性，这便要求三巡的法官以研究的视角处理案件。在三巡，我一共参与了两次专题调研，分别是生猪屠宰许可的法律定性分析与 PPP 相关纠纷裁判观点述评，另陪同白老师赴江西实地调研一次，还参与了三巡典型行政案件裁判观点暨裁判文书选编工作。通过这几次学术实践，我的研究兴趣开始从法的基础理论向实务中新兴的纠纷类型延伸。为了撰写调研报告和选编案例，常常需要查阅几百个类案、大量的学术观点，在这个过程中我的判例研读能力和实证分析能力得到了锻炼。

此外，我经常参加三巡举办的学习活动，包括江必新副院长授课、马化腾科技讲座、民法总则研讨会等，我逐渐意识到，卓越的法律人所应具备的素养并不仅停留在法律知识之上，而应当努力提升自己的政治素养、知识更新能力以及对社会生活的审美能力，方可准确地在规范框架中觅得个案事实的法律意义。

审判工作和调研实践让我感受到了司法事业的苛度与高度，文娱活动令我看到法官职业群体温情脉脉的一面。在三巡团支部书记陆阳老师的指导下，我策划了三巡联合扬子集团开展的“云读书”活动方案，为三巡文艺汇演编排了小品《女法官相亲记》并动员行政审判团队全体成员参演，组织行政审判团队实习生开展模拟法庭活动……随着活动的顺利开展，我越来越多地发现法官们生活中的形象，他们不再像工作中那样严肃与谨慎，而是多了几分俏皮可爱，眼眸中充满了对生活的热爱。法律人或许正当如此，恰如其分地在理性思维与审美直觉之中切换，审慎工作的同时亦能不时地停下脚步，享受内心的诗意。

细数与三巡相遇相知的这段时光，领导的关怀、师长的言传身教、同事的相互帮助犹如细涓划过心田。本想陪君醉笑三万场、不诉离殇，笔至此刻，头涔泪潸方知别时难，万语难言只唯余感恩。

# 不负时光

法律实习生 沈邱瑜*

犹记得初来三巡时正值冬春之交，半载过去，已至夏秋之际，令人不禁感慨时光飞逝。时光虽逝，但半载三巡实习，获益良多，不负这大好时光。

在三巡，首先学到的是做人做事的态度与精神。三巡大院里，流传着一句名言“凌晨两点以前睡是可耻的”，虽说如今已成戏谑之语，但话语背后反映出的是三巡人勤奋认真，不断追求卓越的精神。“追求卓越”是三巡的灵魂，是三巡人奉行的价值追求。大到审理案件，小至校对文书，这种精神始终贯穿其中。我的老师长期专注于商事审判研究，由于国内金融市场创新业务层出不穷，审理案件时常会遇到难以适用具体规则的难题。面对这样的难题，老师会做大量的文献研究，通过类比，结合个案，寻找有逻辑的论证路径，力求

* 沈邱瑜：上海交通大学法律实习生，2018 年 3 月至 9 月在第三巡回法庭周伦军审判团队担任实习法官助理。本文写于 2018 年 9 月。

拿出一个具有说服力的解决方案。这种深入研究案件，寻找最佳解决之道的过程便是卓越精神的体现。审理案件如此，校对文书亦是如此。相比于审理案件，校对文书是一项很细微的工作，但小事要当作大事做，不仅要对行文格式、标点符号、语言表达、法条引用、案件信息等方面进行检查与核对，同时也要对法律文书的内在逻辑予以思考。

其次学到的是做事的思路与方法。在法学院学习时，学生多侧重于法学理论的学习，对于法律实践较为忽视，但其实理论与实践存在很大的不同。其一，我们在法学教育过程中面对的大多数法律问题已给出清楚的事实前提，只需要解决法律适用的问题。但在实践中，查清事实就是一个首先要解决的难题。在查清事实的过程中，往往需要综合运用多种手段，还需要结合丰富的生活经验加以判断。其二，在法学教育过程中遇到的事实前提往往是比较精简的。而在实践中面对的事实是非常庞杂的，首先要对事实进行“剪裁”，从庞杂的生活事实中提取出有效信息，梳理出关键事实，然后在事实与法律之间不断地涵摄。正是因为理论与实践的这种差距，我们更要积极地投身于实践，发挥主观能动性，锻造实践中的思路和方法。在选编典型案例的工作中，通过阅读经典判决，总结判决思路，提炼判决亮点，我初步领会到形成判决的内在逻辑。在撰写审查报告时，通过整理案件事实，归纳当事人的申请理由，我逐渐明晰了案件的争议焦点。我还记得刚开始撰写审查报告时，面对当事人洋洋洒洒、长篇大论的申请理由，总是会觉得无从概括，面对复杂的争议焦点，总是会觉得无从下手。经过老师和法官助理们的悉心指导，我慢慢领会到这其中的要义，归纳理由要围绕当事人请求、再审事由来把握，要有重点、有层次、有逻辑。裁判意见要对当事人的主张、原审裁判意见一一回应，要围绕争议焦点形成自己的逻辑体系。

再者，结识了学识渊博的老师和志同道合的朋友。在三巡，有最好的老师，不论是来自最高院本部的主审老师，还是遴选自巡回区内法院的法官助理，他们对于我们年轻学生提出的问题和疑惑，都会不吝教诲、耐心指引。在三巡，有最好的朋友，不论是来自华东地区的内地实习生，还是远道而来的香港实习生，他们每个人身上都有值得我学习的地方，在每日的交流互动中我们共同进步。

感谢三巡这半年来带给我的诸多收获，感谢在三巡遇见的每一个人。过去，三巡于我而言更像一个符号，今后，三巡将是我身上一个闪光的标签。无论今后身在何处，身居何职，我都会秉承三巡人的精神，带着在三巡增长的见识与才干，不断前行。

# 法律的生命在于实践

法律实习生 刘娜*

2017年10月23日，我来到三巡，开始为期6个月的实习。从霜降到谷雨，时光荏苒，岁月如梭，转眼半年的实习生活便宣告结束。刚来时的“懵懂”“忐忑”已经褪去，如今我对于法律知识和司法实践有了更加深刻的认知，切身体会到了法律的生命在于实践。通过实践，我们方能实现从法学生到法律人的蜕变。

这半年里，我从最基础的文书校对工作做起。三巡的裁判文书对辖区内华东四省一市的法院具有重要的指导和借鉴意义。加之我所处的行政审判团队受理的案件数量占全庭案件受理总量的近2/3，因此，文书校对工作繁重细琐。裁判文书是法院裁判成果的集中展示和体现，作为确保文书质量的最后一道防线，文书校对的作用不可谓不大。半年来，我协

---

* 刘娜：南京大学法律实习生，2017年10月至2018年4月在第三巡回法庭耿宝建审判团队担任实习法官助理。本文写于2018年4月。

助书记员、法官助理校对裁判文书达百余份。每一次校对工作大致分为三个步骤：读校、点校和评校。在读校阶段，我与一位书记员或法官助理相互配合，一人朗读，一人校对，着重核对当事人身份信息、原审案号、合议庭成员以及检查别字、句读错误等。点校阶段，除再次通篇查阅外，重点关注一些容易出错的位置。评校阶段，除了重复之前两遍校对的工作之外，还会和串案、类案的措辞相比较，确保说理的一致性。上述步骤，均要在全面熟悉案件材料的基础上，循环往复，不能有丝毫疏漏。平均下来，每一份文书都要经过至少三至四遍校对。文书校对工作虽然容易上手，但是想做好却实属不易，需要校对人员倾注大量的精力、注意力和毅力，养成耐心、细心、专心的品质。可以说，文书校对工作是非常考验人的。大量繁重的文书校对工作让我能沉住气、静下心认真地做事。同时，校对文书的过程也是学习如何办案的过程。通过文书校对工作，我可以了解到主审法官、合议庭对于案件事实和规则的解释。于我而言，这是一份非常大的收获。

行政审判团队的案件数量极多，纠纷类型极为复杂。在主审法官和法官助理的悉心指导下，我开始撰写再审申请审查报告和裁定书，循序渐进地学习案件的处理与文书写作。半年来，我撰写了几十份法律文书，包括审理报告和裁定书。

我处理的行政案件类型主要是政府信息公开案件和行政复议案件。在办理案件时，我会仔细查找与案件有关的法律规范，认真理解再审申请人的再审请求与事由、原审法院查明的事实与裁判观点，并参考最高人民法院行政审判团队针对同类型纠纷的处理规则以及相关学理观点，保持裁判尺度的统一。遇到当事人材料缺失与原审法院裁判不甚清楚的情况，我会向法官助理寻求帮助和指导。最后向法官助理提交拟稿，在旁听合议庭会议时充分领会主审法官和合议庭的意见并完善自己的说理。这种通过实际案例学习掌握裁判思路、法律解释方法、逻辑推理过程、裁判文书制作经验的体验，让我获得了在法学院学不到的法律专业技能，具体真切地感受公平与正义如何体现在裁判中，进一步加深了对法律条文精准化的理解。此外，我经常利用闲暇时间旁听庭审，“零距离”接触法庭调查、法庭辩论等庭审过程，认真体会“法官思维”，真切感受法律威严。在庭审过程中，我会仔细地聆听双方当事人的辩论，理解他们的观点，把握他们的心理，认真分析案情，形成自己的观点。旁听庭审对于提升自身的法律素养和办案能力起到了很大的帮助。

在最高法院半年的实习，我深刻体会到公平和正义从来都不是法学院课堂上抽象的理论或者空洞的口号，而是落在实处、细处，体现在每一起行政案件的受理登记、初步审查、审查报告撰写、合议庭合议、文书撰写、校对和送达等诸多步骤之中。缺少其中任一环节，人民群众所企盼的公平、正义都无法顺利和真正的实现。做好这些步骤和环节，需要我们行政审判团队全体人员并肩作战、精诚合作。在这朝夕相处的半年里，我收获了师生情和友情，见识到了耿老师对于法律事业的坚守和热爱，其实质化解纠纷的解纷思维令我印象深刻。我身处一个友爱的行政审判大家庭，这是让我最为不舍和依恋的地方。

留不住的是光阴，带得走的是记忆。半年的实习期倏忽而逝，我会永远铭记在三巡学到的一切，感恩在三巡的这段时光和经历。

# 三巡三月

跟案助理 张超*

短短三个月的跟案培训即将结束，想记录一下这段时间的见闻、感想和体会，也算是对这三个月的培训时光做一个总结。

## 团队内的学习

拿到案件不预设立场。有人说过审监庭的法官是法官的法官，申诉人是原告，原审法官是被告。头脑所受教育和屁股所处位置决定着法官维护原审裁判的倾向，认为申诉人蛮不讲理，固执己见。事实上，“驳回申诉，维持原判”是绝大多数申诉案件的处理结果。但是不能因概率大就断定某事必然如何。郭老师说，办理申诉案件，不能预设立场，凡是能申诉到最高法院来的案件，不排除原审处理不公，确有错误，

---

* 张超：江苏省高级人民法院法官助理。2018 年 3 月至 6 月参加第三巡回法庭“跟案培训”计划，在郭清国审判团队工作。本文写于 2018 年 6 月。

又可能说理不够透彻充分，难以让人信服等情况。虽然也不能排除有申诉人偏执己见，但是细想下来，如果拿到案件闭着眼就想怎么驳回，至少存在三点坏处：第一，不利于发现冤错案，有损于公平正义，谁也不能保证原审裁判全部绝对正确；第二，不符合法律人以事实为依据的办事方式，应该是先查明事实再作结论；第三，不利于自己的学习成长，直接拿到了答案，就不再会去思考。

充分利用现有材料，必要时调卷审查。之前没有办过申诉案件，看不到侦查卷等原始材料，只有原审裁判文书和申诉状，心中有些没底。好在第一个案件中，申诉人提交了许多页侦查卷的复印件，才踏实些。郭老师指点，结合原审裁判文书和申诉材料综合考量，如果申诉人对原审裁判文书所列证据没有异议，大胆用来认定事实；申诉人有异议的证据，看是否影响定罪量刑，如果有影响，则调卷审查，如果不影响，用异议之外的证据定案；如果根据现有材料认为查不清的，调卷审查。

制作文书再认真都不为过。第一份审查报告和驳回申诉通知书被郭老师改得面目全非，从头到尾都留下了修订痕迹。逐一查看审查报告被修改的内容，格式上的不规范，以后注意不能再犯；认定事实部分，被害人死因前不需要写“经法医鉴定”，法医鉴定是证据；证据罗列方面，按照犯罪构成每一构成要件由哪几项证据证明来排列，逻辑结构清晰，证据罗列成功已经表明了处理意见。撰写驳回申诉通知书，要慎之又慎，对申诉人的异议尽量逐一回应，说理透彻，争取化解申诉人心中的块垒。

## 旁听主审法官会议

主审法官会议类似于我们院的审委会讨论模式，民事、刑事、行政条线的法官从不同的视角审视案件。针对某些专业问题，其他专业领域的法官可能在具体法条上不足特别熟悉。但是不妨将这种观点当作是朴素公平正义观对案件处理结果的审视，得到不同条线法官的认可，才更有可能得到当事人的认可。毕竟法律的生命不在于逻辑，而在于经验。不仅要考虑裁判的逻辑顺畅与严密，更要注重当事人的理解与接受。



主审法官会议上的讨论十分激烈，主审法官们充分发表意见，“誓死捍卫”（汪军老师语）自己说话的权利。马克思说，法官除了法律没有别的上司。这种激烈讨论，需要主持人有很深的功力。王庭长说，案件讨论，对事不对人；讨论发言按照主审法官的资历进行，资历浅一些的主审法官在先发言。如此，虽然激烈，但也融洽。可能主审法官会议讨论结果不直接决定处理结果，合议庭不同意法官会议的，可以申请上审委会讨论。这一点可能也是大家能畅所欲言的原因之一。

旁听会议，要事先做足准备。各位主审老师水平都很高，第一次旁听民事案件时，准备不足，数次以为这就是结论了，不想后面的发言还有更有力的反对意见。每次开会之前，会议秘书都会把讨论议题公布出来。去裁判文书网上把要讨论案件的原审裁判文书找出来，了解基本案情，明确争议点，带着问题去旁听，收获会更大，否则就只能听个热闹了。

## 三巡的特色工作

三巡虽然成立时间短，但是工作开展得很有自己的特色，生活也丰富多彩。主审法官轮流讲党课，主讲者从自身情况出发，结合党的政策理论，与大家分享，使人受益匪浅。给近期过生日的同事举办生日联欢会，聚在一起吃蛋糕庆生，很有家的感觉。举办篮球比赛，每个团队组队参加。我是五短身材，之前也基本上没有摸过篮球，所以内心对篮球赛是拒绝的，但是，团队必须要我上场才够人数组成一支队伍，我只能义不容辞了。五四青年节活动，去体育学院参观，与冠军运动员、教练交流。法官类似于运动场上的教练和裁判，指引规则，维护公正，比赛才会精彩。

也是巧合，在三巡的这三个月，恰好是一年中最美好的春季。春天播种，期许在三巡的学习所得也会像种子一样，通过自己以后的努力，长成硕大的果实。

# 为百姓权益保驾护航

跟案助理 马锐*

犹记得刚刚得知可以来三巡时，我特别激动——那里可是法律人梦寐以求的最高殿堂啊，能够有机会与全中国最优秀的法官们一起工作，近距离了解他们的所思所想，实在是太幸运了。而怀着无比紧张与忐忑的心，我终于来到了三巡。

来到三巡，我被分在了耿老师的行政审判团队。刚来时，耿老师就和我们说过，面对再审申请当事人，我们应该有这样一颗心——“求其生者而不得，则死者与我皆无恨也”。意思是对于任何一个不服高级人民法院二审终审，仍然到三巡来申请再审的老百姓，要首先想他是有道理的，有冤情的，审了所有再审理由都发现改判不了的，再驳回吧。我想这也许就是老师被许多来访人称为“耿青天”的原因吧。“许水云”案、“马桥酒店”案、“蝶球”案等，老师无一不是从保护老

* 马锐：江苏省南京市玄武区人民法院法官助理。2018 年 3 月至 9 月参加第三巡回法庭“菁才培养”计划，在耿宝建审判团队工作。本文写于 2018 年 9 月。

百姓的利益出发来审查案件的，这种敢于担当、司法为民的精神深深影响了我，在之后的再审审查时，即使对于原审不予立案的案件，我也会去了解案件背后的情况，查清当事人的实质权益有无被损害，有无得到补偿。

说实话，初被分入行政审判团队，我是有些迷茫的，因为硕士期间读的是民法，工作也是在民庭，对行政可以说知之甚少，让我来行政审判团队有意义吗？欢迎会上王庭长的一席话，解答了我的疑惑，他说，法官其实应该什么案件都会，要跳出专业的局限，从刑、民、行三大维度来看案件，找到三者的异同，适应各类案件的需要。

从民事角度看行政案件会是怎样呢？答案是——真有点寸步难行。撤诉后就不能再起诉了；一案一诉，否则可能被全部驳回；是起诉期限而不是诉讼时效！怎么都不一样啊？拿到案件不知道从何下手，幸而团队的小伙伴们倾囊相授，我知道了应当从当事人的诉求出发，确定被诉的行政行为，然后依据相应法律、法规，从程序和实体两个角度审查行政行为的合法性。虽然了解了审理步骤，但是用起来依然很有难度，最难的是适用法律的困难，行政法规既多又乱，规范本身模糊不到位，而一地之政策是否超越上位法规定也要综合判断，各地规范更是不尽相同。为了查法规，我已经吃尽苦头，而案件数量之多也是超出我的想象。2017 年行政案件占了三巡整体案件量的65%，每个老师办了700多件，2018年只多不少。在办案时，我就思考，为何行政案件如此之多，并且到了最高院还有那么多！通过自己的审判和与同事的交流，我归纳了以下几点：一是对于同一个事情存在多个行政环节，当事人可就每个环节进行诉讼，以征地拆迁为例，当事人可能就征地决定，征地补偿决定，最后的拆除行为，甚至之前的批复行为等进行诉讼，而这些案件纯粹是在浪费司法资源。二是诉讼费过低，只要50元，既然没有成本，就随意诉讼。三是一审层级过高，还是以征地为例，通常一审被告是区一级政府，一审法院就是地方中院，故而再审到最高院的案件就非常多。那么针对这些就没有办法了吗？心怀疑惑的我向老师询问，老师和我说，其实对明显滥用诉权或者规避级别管辖权，经释明后拒绝变更被告的，可以依据最新的《行政诉讼法解释》第五十五条第二款规定，退回诉状并记录在册；坚持起诉的，裁定不予立案。只不过下级法院可能由于案件量或者其他考虑不用而已。我想如果以后我有机会办行政案件，遇到滥用诉权的人一定要把这条用起来。

当然，我也在思考民事与行政真的毫无交叉，毫无关联吗？自然不是，例如对于涉及不动产登记的相关问题，丈夫与妻子共有房产一套（登记于妻子名下），后丈夫携带结婚证原件、户籍登记信息、房产证原件等证件以及一名女性（假冒妻子）在不动产登记部门办理了抵押登记，后妻子起诉要求撤销登记，能否判决行政机关自我纠正。这个问题在群里讨论时，行政的同事们可能更主要从行政机关应该审查的事项来考虑，但是我就一瞬间想到如果抵押权人是善意第三人呢，是否需要先民事审查呢，后来我的想法也被证实的确是可取的。除此之外还有对于承租人征收利益保障的问题，将其纳入行政审判还是通过民事的返回不当得利或者撤销之诉更有利于权利保护与案件审理，都是我日后可以研究的方向。

春去秋来，6个月的时光转瞬即逝，三巡的经历开阔了我的视野，让我能够从更高的层面进行思考，三巡的学习让我再次坚定了为保障老百姓权益、维护社会正义作出贡献的决心，即使只是星星之火，但我相信终可以燎原。我会将三巡的精神，以及种种先进的经验和做法带回到我所在的单位，希望每一个法院人都可以成为像三巡的法官一样善良正义、业务精纯、勤勉敬业之人。

# 大法官的智慧和情怀

跟案助理 李维*

经过层层遴选，我非常幸运地来到最高法院三巡跟案培训，并有幸担任周伦军老师的法官助理。3个月以工促学，感触很大，收获颇多，其中印象最为深刻的是三巡人孜孜不倦的学习精神、脚踏实地的工作态度和悲天悯人法官情怀，这些无疑都是我需要毕生学习和践行的。

真传一句话，假传万卷书，老师们不经意的点拨，使我对法律和法官的认识又有了质的提升。主审法官会议上，三巡法官们面对各种复杂疑难案件抽丝剥茧、条分缕析，展示了扎实的法学功底和娴熟高超的审判艺术。面对此情此景我既惊羡又惭愧不已。周老师看出端倪，笑谈学习法律是30岁以后的事情，需要有丰富的生活阅历和严谨的逻辑思维才能

---

* 李维：福建省平潭综合实验区人民法院自贸涉台审判团队法官。2018年6月至9月参加第三巡回法庭“跟案培训”计划，在周伦军审判团队工作。本文写于2018年9月。

真正理解法律，而且在法律职业共同体中，法官需要站在中立的角度学习和运用法律，居中裁判，像我这个年纪和经历现在正是学习法律的好时候。周老师本身学习工作也如饥似渴，只要无外出，基本上都在办公室阅读，他的名言“年轻人凌晨两点前睡觉是可耻的”在三巡几乎尽人皆知。周老师经常阅读英美商法英文文献，曾好奇地问他那个年代的人是如何学习英语的，周老师称他工作后几乎看遍了用汉字写的公司法文献，包括繁体竖排的，感觉不够用，才开始去学习英语的。顿时汗颜！周老师为人谦和，感染力十足但绝不盛气凌人，他神秘地说道，学习法律也有捷径可走，可短期内快速提升。对此我不免一脸狐疑，同时又怦然心动。但旋即周老师严肃地指出年轻人把基础打好才能走得更远，可先从德日民法学起，建立完整的民法体系，并不厌其烦地讲解了物权法、债法等学习顺序、缘由并点出相关进阶书目，并建议通过开展读书会分享读书心得，以教促学，以输出倒逼输入，对比思考、活学活用。大家之言、长者之风，当之无愧。

周老师提倡法官要和当事人、律师充分沟通，法庭调查后，各方便能对裁判结果心知肚明，且心悦诚服。回想自己成长过程中，前辈们大多教导在宣判前尽量隐藏自己真实的想法，以避免当事人知悉法官的倾向意见，引起不必要的麻烦，至于宣判后吗，是以后的事情。周老师强调，当事人对于判决结果是否公正感受最为真切，很多人虽然没有学过法律，甚至从未读过书，但当事人对公正最直观的感受就是自己应得的钱多了还是少了。法官要清楚知晓当事人的处境和想法，让他们充分表达，同时也让当事人理解法官是怎么想的，为什么这么想，在法庭上把疑虑搞明白了，才能正确认识和接受裁判结果。法官与当事人、律师交流错位才是麻烦所在。我坦诚地想，让所有当事人、律师都息诉服判，案结事了，不容易。能不能把当事人心结打开，能不能说服当事人、律师，这就是考验法官智慧和水平的时候了。周老师指出，完美的庭审一定是建立在充分的庭前准备工作基础上的，要把所有可能的问题都考虑清楚，如果事实自己都不确定，法律关系自己都不清楚，如何能说服别人！

法律无非是社会生活的总结，周老师特别注重从法律的视角关注社会生活实践。市场经济就是法治经济，市场经济具有一些共性，我国的市场经济历史不过二三十年时间，目前的一些经济乱象和法律问题，往往其他市场经济体也经历过，通过学习观察其他国家的法律实践有助于开拓我们视野。这或许也是周老师建议我们学习日本学者我妻荣的民法讲义等“古董”著作的缘由吧。基层的法官们很少在意行政部门的规章制度变革。资本是最聪明的，市场是最具创新力的，周老师侧重商事审判，对证监会、银监会等部门的规章条例和实践措施保持密切关注。他道，只有看清游戏本质，才能掌控游戏规则。长春生物假疫苗事件出来后，周老师即组织大家学习研究上市公司退市的相关法律问题，通过对比境内外不同法制背景下的做法，探寻预备方案，未雨绸缪，如痴如醉。等等事例，不胜凡举。

追求卓越，是三巡精神所在，周老师是三巡众多优秀法官的一个缩影。和周老师同在五楼的王展飞老师阅读审理报告时统揽全局，分分钟即掌控案情和争点，着实吓坏人。主审法官会议上，各位法官表现出来的睿智、进取和担当，畅快淋漓，无不令人折服。只叹三个月太短，无法完全吸收，但既已饮甘露，不甘自弃，在之后的法官道路上必以三巡的精神自勉。

# 看到、学到、用到

## ——跟案培训有感

跟案助理 袁志雄*

2018 年 6 月，跃过跨海大桥，穿过长江隧道，从东海之滨来到金陵古城。现在还清晰的记得我们刚来的交接会上，当时庭领导说希望各位在 3 个月跟案培训以后能把三巡的理念带回本单位，撒向巡回区。我想就三个月里我的所见所闻谈一下感想。

忙。之前总以为，法官是法律王国的国王，但中基层院的一线法官却是司法民工，以为最高院的法官肯定是国王了，高高在上了。想不到，也不是，上半年民事审判团队结案均有一百件左右，不去考虑案件的疑难复杂程度，实际可调撤案件数量等因素，单纯这个数据和基层一线法官的办案数据就已经不分上下了，这背后的辛苦和忙碌也可想而知。

忙而不乱。在下面，案件一多，用俗话说就像打乱仗一

---

* 袁志雄：浙江省舟山市中级人民法院法官。2018 年 6 月至 2019 年 1 月参加第三巡回法庭“跟案培训”计划，在马东旭审判团队工作。本文写于2018年9月。

样，这里虽然案件数量多，但是其他部门与审判团队，合议庭成员之间，审判团队成员内部既各司其职，又互相配合，从立案到审理到结案到归档，有制度有节点，一丝不乱。

司法的规范性。在三巡，规范，是一种习惯。规范不仅体现在制度上，也体现在团队办案的细节当中。在办理一起申诉案件时，我说申请人提交了新证据，马东旭老师就让我仔细翻阅《民事诉讼法》关于再审申请的相关条文，才发现第二百条第一项规定“有新的证据，足以推翻原判决、裁定的”，新证据和新的证据，真正的一字之差，但确是司法裁判的必然要求。的确，司法裁判与法学研究是不同的，法律是裁判的依据，我们首先不是要去置疑法律有什么疏漏之处，而是要去体会法律语言的规范性，学会用法律语言、法律概念撰写裁判文书，这实际上是要求我们去更多关注法律的细节。因而，司法的规范性本身就是对法律的尊重，规范意识说到底就是法律意识。

会写会说的能力。会写，就是所撰写的法律文书在使用法言法语的同时兼顾通俗易懂。对于申请再审案件，在裁判文书中对当事人的申请再审事由逐一回应，说理清楚、明白；对于二审案件，在裁判文书中对当事人的上诉请求和答辩理由有针对性的回应，做到事实清楚、证据充分、法律适用正确、论理充分、逻辑严密，其中论理要说透彻，让当事人“胜败皆明”；

对于疑难复杂案件，还要进行类案检索，寻找学理依据。来了三巡以后我发现，会说，也是法官让别人认识自己的一个非常重要的途径。特别是在合议庭合议和主审法官会议上，主审法官汇报案件时，把案件当成一个故事，在较短时间里能让其他人尽快了解案情，理顺法律关系，明了案件焦点。

庭审的能力。主审法官开庭前充分准备，不开无准备之庭。经过仔细阅卷，召开庭前会议，固定争议焦点和证据。开庭过程中，程序严格规范，该有的程序，一个都不省略。主持庭审、提问时说话随和，保持中立，分配给各方当事人的时间大致相当。同时倾听当事人的发言，尊重律师并注意充分发挥律师的作用。

当然除了上述几点，这里在裁判平衡性、统一性，法学专业性，对原审法院的尊重、对当事人和律师的尊重等方面都给我留下了深刻的印象。这些都是我三个月里看到、感觉到的地方，也都是值得我学习的地方，然而看到多少不代表能学会多少，学会多少也不代表以后回本单位能运用多少，毕竟我们和最高院各位主审存在一定的现实差距，但是无论怎样，多少我们能学到一些东西，能带回去一些东西，能提高一点东西，再少的提高也是一种进步，经过一批又一批的轮训，我们不断的把三巡的先进经验和法治理念带回家去，星星之火终会燎原，三巡之光终会撒遍巡回区。

# 三巡的“礼物”

跟案助理 薛鹏*

最高法院在我一个基层法院的助理心中就像一座神圣的法律殿堂，钦慕向往却又遥不可及。今年三月，我有幸作为南京法院菁才计划的一员，到最高法院三巡跟案培训，这不仅圆了我见识最高法院的梦想，而且还能以跟案培训体验式的方式学习，我真是兴奋极了。时光飞逝，转眼间，6个月的跟案件培训已经接近尾声。

来到三巡的第一份“礼物”，便是专职法官助理给我的厚厚一沓卷宗和拷贝好审理报告范本的光盘，沉甸甸的。那是一个民间借贷纠纷的案件，相关的款项往来笔数多、金额大，在借贷过程中又涉及借款合同所附条件是否生效，法定代表人未经股东会决议代表公司借款但款项又未用于公司经营的公司借款效力，申请人提交的是否属于新的证据，借贷行为

---

* 薛鹏：江苏省南京市雨花台区人民法院法官助理。2018 年 3 月至 9 月参加第三巡回法庭“菁才培养”计划，在马东旭审判团队工作。本文写于 2018 年 9 月。

可能触犯非法吸收公众存款的刑民交叉问题等等，原一、二审对上述问题在判决上存在分歧，案件确实非常难以把握。初来乍到的我被一棒子打得晕头转向，不知如何下手。于是，我花了整整三天的时间审查这个案件：案件的基本事实是什么？一、二审法院是如何认定的？依据哪些事实和法律进行认定？究竟一、二审哪个判决书说理更充分？有没有忽略掉的事实？大量信息一时无法处理的我最终选择把案情全部复写下来：申请人有什么证据？证明目的是什么？被申请人是如何质证的？原审法院对证据采信意见是否于法有据？二审改判是否正确？这个办法虽笨拙了些，但结果是令人欣喜的。通过梳理，我对案件的脉络逐渐清晰起来，案件的焦点问题也慢慢从密密麻麻的文字中一个个显现出来，厚厚的卷宗浓缩成了一张关系网图。这张关系网图在之后的案件合议过程中实现了它的价值，因为在向合议庭汇报案件时，我需要在极短的时间内向合议庭尽可能多地传递案件信息，并且做到准确不遗漏，详细不啰嗦，而关系网图对案件的基本信息有一个可视化的说明，让主审法官们能够秒懂案件，从而一针见血指出要害。

随着工作时间的推进，我又慢慢地能够根据案件的复杂和难易程度，学会了对案件删繁从简、抓住核心问题，制作类案检索，学习和借鉴已决案件的思路和法律适用、证据采信方式、鉴定意见采纳办法等。每经过一个案件的审查，总是可以从与老师沟通案件情况、案件合议及裁判文书起草的过程中得到最高法院的意见和评价。这对我就案件梳理法律关系和构建法律素养的能力，有巨大的帮助和提升。

除了通过撰写案件审查报告，提高自己的办案能力以外，旁听主审法官会议，看刑、民、行三大领域法官从不同角度合议一个案件，相互之间碰撞思维的火花，犹如一场听觉盛宴。聆听主审法官讲业务课，能够掌握最高法院的法官在起草司法解释时平衡各方利益和作出最终选择的考虑，能够站在统一全国法院裁判尺度的角度总结某一类案件最合适的处理方式，能够了解最高法院对当前司法审判实务中最前沿问题的指导思想，等等。这些与办案实务有关的理论学习，是在以往的培训和书本上都学不到的一手资料。

不光是在个案的办理上，最高法院巡回法庭的运行模式也是今后各级法院的学习方向，我也有幸提前一见。诉服中心、审判团队、综合办公室，三巡的部门可谓精简到不能再少的地步，但是在这种扁平化管理的框架下，三巡可谓麻雀虽小，五脏俱全。三个部门三位一体，协调有序地开展工作。在办案上，充分发挥团队作战的优点，主审法官与各法官助理、书记员之间分工明确，互相配合。这些也是我在三巡对法院工作方式改革上亲身感悟到的收获。

在三巡的这半年，我收获的还有友谊。三巡有来自巡回区各地法院的同仁们，他们和我一样，怀揣着对最高法院的崇敬与向往，走进三巡这个大家庭。我们相互学习，相互切磋，都希望把在三巡的所学、所得、所感带回到原单位中，让优秀火种传遍巡回区。初来三巡的时候，王庭长对我们说过，“一朝入三巡，终身三巡人”。我想三巡人的标签并不是我今后可以向人炫耀的资本，而是时刻以最高法院三巡的优秀作风，鞭策我不断前行的力量。

# 三巡法官的工匠精神

## ——在最高院第三巡回法庭跟案培训有感

跟案助理 姚翔宇*

在酷暑将临的 2018 年 6 月，我得知自己名列最高人民法院第三巡回法庭跟案培训名单，欣喜地把消息告知老家的亲人，来不及与同事详细话别，就匆匆交接了工作，拖着沉重的行囊，来到南京这座充满人文积淀的城市。当出租车司机说已经到达目的地时，我有点不敢相信自己眼睛，除了金光闪闪的国徽与黑体标牌告诉我确实是这里外，没有上海林立的商铺、发达的交通、更没有行色匆匆的路人，一切都与想象的差之甚远。

简短的欢迎会后，开始了繁忙的工作，拿到案子以前，我得知这是申诉人的最后一次机会，一定慎重再慎重，对审查的每一个案子负责。三个月时间转瞬即逝，每天辗转于审

* 姚翔宇：上海市第二中级人民法院法官助理。2018 年 6 月至 9 月参加第三巡回法庭“跟案培训”计划，在仇晓敏审判团队工作。本文写于 2018 年 9 月。

查案子、调卷、阅卷、参与讨论、辅助撰写文书、校对之中，日子过得充实、忙碌、平淡，也乏善可陈，没有实现来时希冀的碰到聂树斌、呼格吉勒图、耿万喜之类的社会影响力大的案子，只能私下自己没人受到冤屈更好。3个月后，我从原来对刑事申诉的知之甚少、撰写的文书被改动的面目全非到现在熟悉工作流程，遇到案子能知道如何针对性的审查，在业务上实现了取经的目的，将带着知识满载而归。但是我最大的改变是，不再在意这里硬件软件设施尚有欠缺，因为这里的法官和司法辅助人员身上有种精神能够让我的自由心证形成这样的内心确信：这里是最高人民法院，这里集聚着最为精湛的专家，这里支撑着华东巡回区法治大厦的脊梁。这种精神就是工匠精神。

犹记得曾辅助主审法官仇晓敏审查一起基层法官挪用执行款的申诉案子。材料里面有张款物交接单复印件。申诉人在一、二审以及高院复查时均没有提及这一问题，并且诉讼费不该由胜诉方承担，这时忽然提出原审对此证据熟视无睹。我随口咕哝一句，作为法官如果这张单据是真的他早就提出了，哪里等得到现在，因为这句话我遭到了声色俱厉的批评，被反问万一是真的呢？为了还原这一单据的真相，主审法官费尽周折联系原审法院，派人花费一下午乘车过去查看卷宗，阅卷几分钟即查清款物交接单原委和本案的确没有因果关系，长出一口气后说这一下午挺值，可以结案了。在跟案培训座谈会上，江必新院长引用这个例子，反问大家明知是假的还花费这么多功夫去证明是假的有意义么，然后自答是有意义的，法官应当推定每条申诉理由都是正确的，不能有先入为主的认知，这就是我们法官的工匠精神，将案子当成自己的作品，在细微处着眼，精打细磨，才能做出法治的优良产品。类似的事情在这里的工作中是家常便饭，需要阅卷、需要会见、需要讨论、需要上会成了高频词汇。我们这些借调的助理除了吐槽最高院的法官吹毛求疵外，也被他们的专业素养及负责任的态度深深折服。

我曾多次进入诉讼服务中心，看到的是宽敞的等待区，整洁的座椅，酷暑时节为申诉人准备的纯净水、绿豆汤，接待法官和蔼对待情绪激动的当事人。事实上，申诉人大老远来到这里，对三巡的期待很高，申诉状里基本都会引用总书记讲的全国都耳熟能详的话，比如“什么时候重视法治，法治昌明，什么时候就国泰民安；什么时候忽视法治，法治松弛，什么时候就国乱民怨”“努力让人民群众在每一个司法案件中感受到公平正义”，信件里面排头总是尊敬的江必新庭长，他们长时间经历坎坷后，仍没有对法律失去信心，仍旧相信最高院，希望权威能解决问题。法官们一次次的千里出差、一个个详尽的审理报告、一篇篇仔细的说理释法文书，三巡工作人员用行动回应了申诉人的期待。没有想象中的惊天动地，所做的尽是平凡与烦琐。绝大多数判决并没有事实认定与法律适用错误，那么申诉工作的意义何在呢？一位法官闲谈时讲的两句话道破了玄机，给下级法院法官一点压力，给长时间奔波的申诉人一个说法。曾经有位同事发布了一条朋友圈，题目为夜里十点的三巡，内容为灯火辉煌的大楼，回想了下，确实夜夜如此，忽然有种热泪盈眶的感觉。曾经我们嘲笑最高院法官也是司法民工，现在更愿意用司法工匠来形容他们。民工有了格局与情怀应该被称之为工匠，一字之差，差的是精神上的升华。

我曾参加过林林总总多次培训，方式以言传为主，而三巡的主要培训方式为身教。除了办案外，尚有多种讨论会，要求每个人发言，倒逼我们思考，无论观点幼稚还是成熟，都有平等参与交锋的机会。梅贻琦曾说："大学之大非大楼之大，在大师之大"。评价一个法院也应当如此，司法权威与大楼高度与法庭装潢没有必然因果关系，人民群众更为关注的是能否在法院收获公平正义。3个月来，三巡除了将司法技艺毫不藏私的允许我们自由采摘，更在潜移默化中警示我们作为手持司法权柄者，重证据，别臆断。当秋风送来丝丝凉意，也告诉我们别离时刻即将来临，引用领导对我们的期待结束我的感悟："希望你们回去后，作为三巡的火种，将我们的精神播撒到巡回区各地"。

# 守住法律人的初心

跟案助理 周宇浩*

还记得在2018年3月春寒尚未退去之时初到三巡，王旭光副庭长在跟案培训人员座谈会上就提出，我们来三巡要问自己几个问题，“想知道、想看到、想得到什么”。轮到我发言时，我提出了我想观察、学习的三个重点，即最高法院的法官，如何审案，如何下判，如何研究制定司法裁判的规则。之后在三巡的日子里，除了阅看案卷，草拟文书，协助办案之外，业务座谈、法官会议、庭审谈话，我都是尽量场场不落，旁听揣摩，总是想从那三个方面找寻主审法官的“武功秘籍”。时隔半年，我虽然尚不能参透其中的“心法奥义”，但总归有些心得、感触，记录如下。

审案，需洞察世事，需有一颗体察疾苦的公心。我因为在基层法院、中级人民法院都工作过一段时间，时不时在聊

---

* 周宇浩：江苏省南京市中级人民法院法官助理。2018年3月至10月参加第三巡回法庭“菁才培养”计划，在周伦军审判团队工作。本文写于2018年9月。

天调侃的时候，会想当然的觉得最高院的法官因为居庙堂高远，会不会容易坐而论道，不接地气。可是在旁听了主审法官会议的激烈争执，庭审中的询问探查，主审法官们丰富的生活经验、人生阅历以及对民事法律关系中各方当事人诉求背后原委、动机的精确判断后，让我为自己之前的想当然倍感羞愧。甚至恰恰是长期以来习惯于庭室中所辖案件类型的单一、地域的固定，导致了我在看待社会生活时不免经验匮乏、反而削弱了对社会问题的观察。在这点上，主审法官们在专业法律术语背后对案件脉络的把控深深打动了我。在审案时，对当事人发言的耐心聆听、密切关注；在看卷时，对材料细节的把握，对书面意见诉求背后原委的推断，这些都构成了对事实观察不可或缺少的佐证。一个民事法官，时刻要保持对社会热点问题、热点领域的关注，对生活实际、生活经验的总结判断，对人性善恶、诉请利益的洞察，对普普通通平常人生活的体悟。公平，确实需要在专业、晦涩乃至构造精巧的法律逻辑、架构内找寻，但更多时候，也要回头看看，不要脱离了生活的常识，忘却了普通人的生活逻辑。越是见惯了包装精巧的法律案件，越是不能忘记还原生活的本来面目，民事审判工作不能坐而论道，必须有深厚的法律功底和生动的生活经验做支撑，一颗公平公正的心，除了刚正不阿的意志品质之外（这是最最基本的）必然是有源于生活、世事洞明的体悟的。

以公平公正的内心来审案，不可或缺世事洞明的经验判断。如果要让案件结果达到法律效果和社会效果的统一，还要有相当高度的敏感判断，这是我来三巡之前从未将自己的目光抬升到一定高度所存在的短板。就拿我经常接触到的金融借贷类案件来说，司法永远是保守的，但是法官不能是自闭的，金融领域的发展一日千里，变化万千，新的契约形势层出不穷。作为司法工作者，必须时刻关注金融领域的动向，洞悉其中哪些是提升资源配置的金融创新，哪些是浑水摸鱼的新瓶装旧酒。众所周知，金融创新是一把双刃剑。一方面，通过金融产品、组织、制度和技术创新，可以提升金融资源配置的效率，为实体经济发展注入活力；另一方面，如果金融创新脱离了实体经济的内在需要，规避监管，盲目扩张，大搞资金体内循环和脱实向虚，则容易引发金融风险，反过来阻碍实体经济的发展。在这点上，主审法官、三巡的前辈们身体力行、洞若观火，用一个个案件的处理，给我上了一堂关乎金融审判原则的“课程”。我们要秉持包容但更要审慎的态度，明辨金融创新的内涵，以服务实体经济为出发点和落脚点，把握好投机资本、实体经济的利益关系，督促证券基金期货等行业机构回归本源，此外，还要在司法审判中对非法金融产品、套路贷明确说“不”，要大力推进依法全面从严监管，坚决纠正那些严重脱离实体经济需要的伪创新，坚决打击以创新为名义冲撞法律底线的行为，更好地保护投资者合法权益。金融审判，就是要从一个个个案做起，明辨是非曲直，维护投资者合法权益，守护老百姓的钱包，也就是守住了我们新时期发展的金融源动力。

那么法官们如何研究制定司法裁判的规则呢？从众多理论解释中选择、构造出合适的司法裁判规则，在一条十字路口，当我们莫衷一是的时候，选择规则的方向又是如何做到的呢？周伦军老师至少给出了一个必不可少的要素："构建经典的、体系化的理论基础"。我一直记得初到三巡，周伦军老师的博学、勤奋就深深地震撼了我。他一直主张"年轻人在凌晨两点前睡觉是可耻的"——这不是他在故弄玄虚，因为他自己就是这样要求自己的——无论是在阅读，还是在工作。在初出校门、工作一段时间后，遇到不懂的问题，我总是寄希望于找到一个简单的判断尺度、一个可以拿来就用的结论，以为这样就能解决眼前问题。可越是如此，越会发现自己的知识技能就如同一个打满了补丁的水桶，今天这里渗水，明天那里滴漏，最终千疮百孔，遇到问题莫衷一是。这是为什么呢？用周老师的话说，就是没有建立起成熟的、经典的知识体系的缘故。如果只求一案结果的"正确"，沉溺于某些"裁判尺度""判断原则"的掌握，缺少了理论体系的支持，那么即便拿到这些“快餐”，也只是图一时问题的遮掩，无异于在司法工作中选择了鸵鸟一般的生活方式，麻痹自己，拖延问题罢了。学习是一辈子的事情，这句话的意思并不是说读书就可以放着、等着，而是恰恰在告诫我打牢基础、构建体系的阅读是时不我待、分分要抓紧的事情。其实我遇到的很多不解、疑惑，在经典论著中已经有了其历史来由的描述，域外法律判例经验，也对应的给出了体系化的解决方案。我所寻求的所谓一时的解决办法，如果不能契合体系化的构建，那么肯定是治标不治本、终归会产生无法自圆其说的矛盾的。那么水平的提升、业务的精进，也不过就是空中楼阁的浮光掠影罢了。读经典，以及掌握阅读、学习的方法，是周老师一直主张、强调的。在三巡要时时提醒自己，回到自己的日常工作，更是不能偷懒放松。

原本体会写到此，基本就算是完成了一个常规的一二三点的小小公文的模式。可是，这只是我在试图回答自己初到三巡时以为能学习、观察到的范畴内的一点体会罢了。实际上，到三巡来，对我们这一批正好赶上司法改革的浪头的年轻人来说，意味着什么呢？是坚定了信仰——深夜办公楼上的灯火通明，审判台上的正气凛然，会议讨论中的直抒胸臆，都是在告诉我，这不仅仅是一份司法工作，更是一群有信仰的前辈聚集于此，抛却名利，无关荣华，而是坚定地相信他们源于专业、源于生活、源于公正的判断，并以此斡旋、著文、下判；是收获了友谊——五省一市的法院人聚集在这里，有刚工作不久朝气蓬勃的年轻助理、书记员，有年富力强正值壮年的员额法官，有各法院中的审判长、庭长，你来自执行，我常跑银行，他专攻刑事；你来自福建的海岛，我见惯江浙的平原，他穿梭于山脉林道。再难有这样一群出身不同人文、不同地理、不同风俗的地方的法院人，对了，还有专注赤诚、训练有素的各大高校实习同学，聚集在这里，讨论案件到深夜，激辩观点十路边，出谋划策只为案结事了；是净化了身心——无羁绊，无小我，专注于案件，专注于问题，三巡的图书馆、小菜园、篮球赛、生日会，一点一滴把我这个“帮忙干活”的“局外人”，变成了“自己人”“三巡人”，更是到哪里都更加坚定的“法院人”。

# 春华秋实满载而归

## ——记在最高人民法院第三巡回法庭借调期间心得体会

跟案助理 李群群*

作为一名法科生，必然怀揣着法官梦。我于 2015 年通过江苏省公务员考试进入南京市中级人民法院工作，先在基层法庭学习锻炼一年后被组织安排在民五庭担任法官助理。能够成为首批“菁才计划”培养人员赴最高人民法院第三巡回法庭（以下简称三巡）学习锻炼，我感到十分荣幸。当我接到 2018 年 3 月 5 日到三巡报到的通知时，内心无比激动，因为我入职不到三年，尽管有过到国家法官学院培训的经历，却从未瞻仰过最高人民法院的尊容，这次能够有机会踏入三巡的大门，顿感弥足珍贵，同时暗自下定决心，定要倍加珍惜这来之不易的短短六个月的锻炼时间，用自己的所学所思所感所悟潜心修行，努力朝着成为一名具匠心有温度敢担当

* 李群群：江苏省南京市中级人民法院法官助理。2018 年 3 月至 9 月参加第三巡回法庭“菁才培养”计划，在王晓滨审判团队工作。本文写于 2018 年 9 月。

的实干法官之路负重前行。转眼间，六个月的借调时间已经进入尾声，到了要说再见的时候，怀着依依不舍之情，现将借调期间的心得体会总结如下。

“学”——一向主审法官学，学习他们的裁判方法与技巧；二向前辈法官助理学，学习他们的办事能力和持之以恒；三向书记员学，学习他们校对文书的精益求精；四向法律实习生学，学习他们的待人接物。

第一，向主审法官学。我所在的团队是行政审判团队，担任主审法官王晓滨的法官助理。当我第一天来报到时，得知我被安排在行政审判团队，感到十分诧异，因为我在原单位是民五庭，民五庭审理的是劳动争议和涉外商事案件，作为一个从未接触过行政审判的门外汉，我感到既惶恐又无措，不知自己是否有能力胜任行政审判协助办案工作。在这6个月的时间里，我不断给自己补课充电，研习行政法及行政诉讼法相关专业知识，同时抓住每次案件合议的机会积极向王晓滨老师、耿宝建老师、白雅丽老师请教行政审判裁判方法与技巧，王晓滨老师只要有时间也会给我们讲解新行政诉讼法司法解释的相关内容。最终，在老师们的指导帮助下，我6个月总共办结95件案件，并完成1件提审案件的庭审工作方案、庭审提纲、审查报告和判决书的拟稿工作，办案量在行政审判团队乃至全体短期借调助理中位列第一。

第二，向前辈法官助理学。金诚轩是我所在团队从本部借调至三巡的法官助理，说起金老师，我与她从素不相识到如今的“相爱相杀”，可以说是一对同甘苦共患难的好友。虽然我经常调侃她，但内心对她还是十分敬佩的。她非常好学，在她的办公桌上摆满了各种专业书籍，对于没看过几本书的我而言，可以说是博览群书；她做事非常有毅力，为了守护她的一片小菜园每天6点起床精心打理，在她的努力下，菜园结出累累硕果；她为人非常爽朗，我之所以能和她打成一片，主要也是因为我们的性格都比较直爽，真有种惺惺相惜、相见恨晚的感觉。

第三，向书记员学。李璐和邱金坤是我所在团队的书记员，金坤刚来三巡不久，还是新手，但能看出他的努力；李璐是我见过最认真细致的书记员之一。我们团队出手的文书，要经过法官助理的“一校”、法律实习生的“二校”，然后到李璐那的“三校”，直到确认无误后才会发出去。校对文书是件非常辛苦的工作，需要百分百的全神贯注，在李璐身上我看到了“精益求精”这四个字。书记员的工作是非常繁重的，除了校对文书、整理卷宗还有日常的事务性工作，我经常看到他们加班到很晚，应当说，没有他们的默默付出，就没有整个团队的今天。

第四，向法律实习生学。王梦瑶是我所在团队的法律实习生。梦瑶与我在同一个办公室，可以说她是个很贴心很惹人爱的小妹妹。有次食堂吃饭，别的团队的书记员和我说起梦瑶，对她的评价就是一个非常有礼貌的女生。诚然，梦瑶的待人接物可以说值得我好好学习，非常谦虚又懂礼貌，校对文书也非常细致，我们团队的文书正是在李璐和她的把关下，才能放心发出去。

"思"——不断在办案过程中积累经验，不断总结案件的裁判思路，不断提升自身的裁判技能。在这6个月的时间里，我除了办结95件行政案件外，还遇到1件需要提审的案件。因为要提审的案子都要经过主审法官会讨论才能决定是否提审，所以我就要事先准备好向主审法官会议汇报的相关材料。在准备材料的过程中，我对案情经过、关键细节、重要事实和法律问题有了全面的了解，并将该案与"许水云案"进行对比分析，从该案与"许水云案"的异同点入手，用图表的形式展现该案事实部分的关键信息以及目前的事实状态，结合前期听证和合议的情况进而提出该案提审的四大理由等几个部分来撰写主审法官会议汇报材料。经过主审法官会议决定提审后，我们作出了提审裁定。王晓滨老师认为该案的提审能够统一法律适用的标准，具有典型性，我感觉既是压力又是动力。由于时间比较紧，我要在一天内准备好庭审工作方案、庭审提纲、审查报告等材料，这对我来说是不小的挑战。尽管经过前期的主审法官会议讨论对案件已经有了大致了解，但经过这次的材料准备，我对案件的来龙去脉有了更加全面、深刻、细致的掌握，对其中法律适用问题的判断也更加精准。我想，通过对这次案件的精雕细琢，我对办理该类型案件的裁判思路与裁判技能有了质的飞跃，它对我积累办案经验具有里程碑意义的价值。

“感”——感恩三巡的体验经历，感谢老师们的悉心指导，感动三巡的精心安排。还记得我们2018年3月5日来三巡报到召开的欢迎会上，王旭光副庭长的一句话让我倍感温馨，他说：“一朝三巡人，终身三巡人。”他对我们提出的定位角色、用心思考和融入三巡的三点建议，我始终铭记于心。由于我还单身而且家住在马群的公租房，路上一趟要花两个多小时的时间，所以我不怎么回家，周末除了偶尔回原单位加班就是在三巡办公室加班，可以用“我不是在加班，就是在加班的路上”这句话来形容我的状态。记得王老师说过，之前有个书记员说，这里除了工作没有生活。但我的感受不是这样的。我觉得这里的工作既充实，生活也丰富。工作上，三巡有“主审法官讲党课”“主审法官讲业务”“青年干警微论坛”等品牌亮点特色工作，还让我们有机会旁听主审法官会议的讨论，这对我们来说是莫大的荣幸，因为我们在原单位没有旁听审委会讨论的机会。此外，三巡还安排了与香港法律实习生学习交流的机会，让我们这些内地法律人能够听到来自香港土著对原汁原味的香港法律制度的解读。生活上，三巡也是精心筹划。比如，三巡的食堂，小厨娘的手艺果然名不虚传。在三八妇女节时，我们组织了知青故里之行，让我们体验知青岁月；在五四青年节时，组织了南京体育学院之行，让我们感受体育精神的博大精深；在春天时分，三巡还组织了“春在身边”摄影比赛，我也积极投稿参加了，只是现在要离开了；为了参加本部举办的太极拳比赛，三巡组织大家进行太极拳培训，通过此次培训，我从零基础开始成功解锁24式简化太极拳技能，只是即将离开不知还能否赶上比赛；此外，还有篮球比赛、与香港法律实习生的联欢会等活动，都让我感受到了三巡大家庭的温暖。我可以很负责任地说，在这里既能拼命工作又能感受生活的美好。



“悟”——领悟工匠精神之核心要义，努力成为一名具匠心有温度敢担当的实干法官。在2018年9月6日的跟案培训总结会上，江必新副院长对工匠精神从初级到高级进阶的“十二点要义”令我醍醐灌顶、茅塞顿开。作为一名法官助理，将来成为一名员额法官，首先应当具备的就是工匠精神。正如江院长所说的“余尘不扫，何以扫天下”，司法审判过程就是一个工匠培育过程，司法审判应该弘扬工匠精神。诚然，要学会用“归零”的心态从学徒做起，从最基层干起。江院长认为工匠精神的最高境界是“德艺双馨的人生理想”，这点我不能再认同。我的理想就是成为一名具匠心有温度敢担当的实干法官，既具备工匠精神，又能体现司法温度，还要敢于担当，脚踏实地、埋头苦干，希望用自己的实际行动赢得老百姓的好口碑。

相聚的时光总是短暂，又到了说分别的时候。不管怎样，我在三巡的这段时光将是我人生道路上的宝贵财富，我也会带着这份初心，坚守着这份信念，我还需要更多地磨炼，相信阳光总在风雨后，不经历风雨怎能见彩虹，我将披荆斩棘，无惧风雨，一路向前。三巡，我们后会有期。

# 法官助理的“规范”与“想象”

## ——在三巡担任行政法官助理的认识

法官助理 殷勤*

三巡是司法改革的前沿阵地，行政审判也深处变革与转型之中，南通市中级人民法院党组选派我到三巡学习实践2年，无论从个人经历、知识背景还是对司法改革的认识、对行政诉讼制度整体运作的感知，对我而言都印象深刻，也影响深远。

三巡有2/3以上的案件是行政案件，行政法官助理的办案任务相比其他审判团队的法官助理也更多，但正是得益于在一个较短和集中的时间接受大量案件的冲击，并且日复一日反复地练习，行政法官助理所得到的业务训练也更为集中、更加扎实。在三巡工作期间，还恰逢《土地管理法》修正案草案的出台，这也让我们有机会对土地征收这个全社会最为

---

* 殷勤：江苏省南通市中级人民法院行政审判庭法官。2016年12月至2019年1月借调至第三巡回法庭，任耿宝建审判团队法官助理。本文写于2019年1月。

关注、争议最大、案源最多的法域，有更加系统和深入地学习；我们也有幸参与了三巡行政审判白皮书的制作以及五次第三巡回区行政审判座谈会的筹备工作，因而也有机会接触更多的顶层设计，以及对行政诉讼制度变迁和运作状况有了更为宏观的了解，这些都弥足珍贵。

我所在审判团队的主审法官对裁判文书规范性要求很高，也经常挑“毛病”。比如，行政案件中有很多与征收拆迁相关，但对经常要用到的“补偿安置”这一表述，到底是“补偿”在前，还是“安置”在前，很多人并不在意。法官特意让我查一查《土地管理法》及实施条例，发现法律用语都是“补偿安置”。事情虽小，但印象很深。我想，作为法官助理，首先可能要训练的就是规范性，具备规范意识，形成规范认同。

在我看来，法官助理相较于法官有更多“想象的自由”和“想象的空间”，而这也正是法官助理的独特魅力。面对错综复杂的案件，法官助理可以超越案件和法律，讨论和思考更多的东西，尝试多种可能性；法官基于制度定位，一般只能在给定的范围内思考和表达，其想象空间比法官助理要小很多，在这一点上，法官更多时候只能是“自动售货机”。比如，对一起因规划变更导致收回国有土地使用权的案件，主审法官虽然指导我用“管制性征收和对征收的补偿”思考案件，但由于《土地管理法》及实施条例并没有管制性征收的规定，因而撰写裁判文书就与撰写案件审查报告完全不同：法官只能立足于现行法规定、在既有规定的基础上思考和撰写裁判文书，而法官助理则可以通过撰写审查报告，表达对案件更多的“想象”。

办案不同于“决疑术”，因而，面对案件的“想象”，意味的是更多理性的思考，而我们也并不能像用刀子切开苹果一样，将案例和对案例的思考完全分开。案例既是法律盆景，也是法律迷宫，参与案件越多，看待法律和社会现实也会有更多不同角度。我常常感觉到，越来越多的行政案件会跨越两个相互平行的法域，反映出公私法的融合，产生“行政法对民法的想象”。比如，招商引资协议纠纷、矿产资源产权纠纷、行政允诺、政府侵权赔偿等，都涉及运用民法思维；反过来也会产生“民法对行政法的想象”，比如，《民法总则》增设“绿色原则”，就是要将公法上对环境保护的一般要求作为私法自治的限制，并且在实践当中，对于民事合同效力的判断，也会更多涉及行政法规、规章中强制性规定的理解和适用。我想，这些也对民法和行政法的研习，带来了更多要求。

“娜拉出走之后怎么办？”虽然从价值多元的角度，法官助理未来仍有多种可能性和职业空间，但成为法官仍可能是大多数人的选择。基于角色衔接，总结自己的得与失，我觉得成为一名合格的法官助理，需要有两个层次五个方面的认同，即在坚持身份认同的基础上，辅之以规范认同、研究认同、实践认同与合作认同。

王人博在其新作《你看我说》的序言中写道："我们生活的世界和我们的生活本身是带有纹理褶皱的，它既向人们袒露和敞开，也把自己遮蔽隐而不显，而我们日常生活的乐趣很多时候来自于对生活和世界抱有的热情，来自于对细节的打量和凝望。我们不知道幸福和快乐何时会来，总希望幸福快乐与我们不期而遇，而生活和世界的每一道褶皱，可能就是幸福到来的那道窄门。"法官助理的岗位经历是值得珍惜的，其职业过程也是值得回忆的。因为它意味着：一群志同道合的人，一起奔跑在理想的路上，回头有一路的故事，低头有坚定的脚步，抬头有辽阔的远方……而"怀里满了，便是心的丰收"。

# 回 望

# 确认过眼神，我们是“三巡”人

法律实习生 仇成成*

春去夏至又一季，转眼间我的实习生活已接近尾声。犹记得初到三巡，我站在南门朝里望，看到了金色的国徽在庄严肃穆的最高人民法院第三巡回法庭办公大楼前熠熠生辉，一时间被他的威严摄住心魄。怀着对国家最高审判机关的好奇与憧憬，开始了我与三巡的缘分……

## 见贤思齐，三生有幸

作为一名法学研究生，能够在走出象牙塔之前就来到如此高端的平台，与一群虚怀若谷的智者同行，一群身怀绝技的高人为伍，实在诚惶诚恐。于是，慢慢靠近你、了解你、成为你。

练就过硬本领的“三巡”人。实习的几个月以来，从参与

---

* 仇成成：华东政法大学法律实习生，2018 年 3 月至 9 月在第三巡回法庭郭清国审判团队担任实习法官助理。本文写于 2018 年 9 月。

视频接访当事人、撰写审查报告、整理合议笔录、旁听主审法官会议，到见证当庭宣判，草拟、校对裁判文书，卷宗归档整理等一系列工作之后，我了解到三巡工作的快节奏和高强度。不禁感叹：欲戴其冠，必承其重。作为最高院的法官，不仅要专业，而且要全面，简直就是法律人的高配版。“玉不琢，不成器；人不学，不知道”，虽然四年的专业学习使我掌握了一些理论知识，但真正面对具体案件时还是发现自己思路不够清晰，很难从纷繁复杂的案件事实中找准争议焦点。每当学富五车、循循善诱的法官为我梳理案情、明辨析理时，我更加深刻的感受到为法治事业奋斗的前提是拥有真学问，怀揣真本领，要以“衣带渐宽终不悔”的精神汲取知识养分，树立终身学习的目标，不断磨砺自己的本领。

守望初心使命的“三巡”人。最近，一部取材于真实“抗癌药第一人”陆勇的电影《我不是药神》刷爆朋友圈，而电影背后所引发的法理与情理的矛盾，值得每一个法律人深思。徒法不足以自行，有温度的法律离不开有良知的法律人，法度与柔情之间，心的距离该如何丈量？办案实践中，每当针对案件问题发表看法时，我总是单纯地从法律视角出发，机械地适用法条，忽略问题背后所蕴含的社会矛盾。我的指导老师郭清国法官教导我：“我们不是冰冷的工具人，而是温暖正义的法律人。”守望初心使命，绝不是挂在嘴上说说而已。

“种树者必培其根，种德者必养其心”，只有将法治信仰内化于心，外化于行，尊崇法律，守护正义，才能使每一起案件都经得起法律和历史的检验，才能实现“努力让人民群众在每一个司法案件中感受到公平正义”的追求，才能完成“法治昌明则国泰民安”的光荣使命。

追求大写幸福的“三巡”人。任何一种职业的幸福，都无法建立在金钱和地位之上，因为那只是一种欲望的满足，而人的欲望总会无休无止。回想自己当初为何选择学习法律？不过是为了毕业后有个体面的工作，安稳的生活，实现自己的小确幸。可我看到的三巡人却不同，他们没有把自己局限在成就小我、只顾小家的框架内，而是追求关乎内心与良知，关乎责任和担当、关乎苍生和天下的大写幸福。当他们身着法袍，手执法槌，凭借学识与经验明辨曲直时，凭借智慧与温暖定纷止争时，凭借信仰与追求匡扶正义时，便是他们最满足的大写幸福。

## 似水年华，拾光往新

光影是记忆的载体，唯有通过影像的客观纪录，我们才能更好地回顾这段铭刻着我们青春岁月的独家记忆。你瞧，举办温馨生日会的多功能厅，享受惬意午后时光的云书房，展开激烈赛事的篮球场，挥洒汗水的健身房，锄地拔草的小菜园，夜幕星云下灯火通明的办公大楼，倾听群众心声的诉讼服务中心……随处一拍，便是最美的风景。亲爱的三巡，我们就要在蝉鸣的盛夏挥手告别了。虽有万般不舍，但告别意味着成长，意味着新征程，意味着我将以“三巡”人的身份走向社会。请君放心，我不会胆怯和慌张，因为我坚信我的远方有三巡的底色。习近平总书记在北京大学考察时寄语广大青年：“生逢其时，重任在肩。”我们是幸运的法律人，因为我们正处在一个火红的时代，改革、法治、创新是这个时代最响亮的主旋律，这个时代为我们搭建了施展才华的最好舞台，也为我们创造了实现理想的最佳机遇，我相信“经国纬政，法治天下”的梦想，将有可能通过我们后生的努力变成现实。

相聚多时，终有一别。感恩伙伴的互帮互助，感恩师长的传道授业解惑，感恩三巡的深厚底色。想说的话还有很多，但不是所有的话都一定要说完。来日方长，请期待我们的重逢！那时阳光不燥，微风正好，仍记得南京市浦珠北路88号，有你，有我，有每一个“三巡”人平凡而美好的一天！

# 三巡的日与夜

法律实习生 侯初晨*

从2018年3月到8月，我在最高人民法院第三巡回法庭度过了自己大学四年的最后一个学期与暑假。半年来回上海与南京不下十趟，主旋律是论文、工作和告别，流过的眼泪堪比一些当事人。灰暗的记忆就让它随着南京的高温蒸发吧，最终留在心里的，点滴都是美好。

## 正经事

时光匆匆，翻看一整本密密麻麻地记录着我在三巡工作学习的笔记本，半年来的日子一幕幕重现，迷茫、困惑、愉悦、感动构成一级级阶梯，让一名稚嫩的法学生迅速成长。简要概括之，在三巡的每一天，都是“思索、探寻、理解、表达、再思索”这样循环往复的训练。

---

* 侯初晨：复旦大学法律实习生，2018年3月至9月在第三巡回法庭马东旭审判团队担任实习法官助理。本文写于2018年9月。

## 第一课：兼听不偏信

在三巡最主要的实习内容是撰写再审申请案件的审查报告。虽然早已有了心理准备，但2018年3月拿到的第一个案件还是给了我“重重一击”。看似简单的纠纷，其实背后事实错综复杂，当事人各执一词。花了好几天的时间梳理和审视各方描述的故事，却依旧难以辨明是非真假。讨论过后，团队最终决定对这个案件的当事人进行询问。通过询问，一方的漏洞不断显现，案件事实逐渐清晰，我们也最终确定了案件处理方向。这是我第一次亲身感受到同一个自然事实从不同当事人口中说出来竟可以截然不同，“兼听不轻信”是我在三巡学到的第一课。

接下来的案件并没有因为我熟悉了审查报告的写作模式而变得容易。每一个案件的处理都让我掉了好多根头发，但也着实学到了非常多的专业知识。我常常需要画出一整页关系图或时间轴，才能弄清楚当事人之间究竟发生了什么，也总是要来来回回检索各种法律规定、案例和学术观点，才能作出最后的判断。好在团队的主审和助理老师总是悉心指导，还有共同实习的伙伴们可以互相探讨问题。



## 第二课：平和与理性

我住的楼与庭里的安检口较近，每天中午上班时安检口外都聚集着几十位再审申请人。烈日下拿着案件材料等待进入诉服中心的再审申请人时常让人心疼（当然悄悄经过时也会觉得自己的工作充满了意义），不过有些再审申请人讨论和诉苦的大嗓门也会不时让住在附近的人们没有办法好好休息。

同样地，撰写实习报告时最糟心的事莫过于阅读少部分全篇写满感叹号和究问天理何在的再审申请书，其中不少还是律师们的“大作”，使得阅读者戾气也不免加重。与其花费如此多的篇幅骂天骂地，为何不把自己的理由一步步说清楚呢？

旁听庭审时也有同样感受。看多了英美剧，以前总是觉得律师应当在庭上针锋相对、侃侃而谈，庭审也应是火药味十足的，但从头到尾听完多次庭审后，我认识到平和理性的庭审氛围对于正确处理案件和解决纠纷的重要性。有的律师一味慷慨陈词，实则内容空泛、表现失礼；有的当事人情绪激动，旁听人员怪声连连，却并不利于事实的查明。法律从不是因为谁嗓门大就偏向谁，证据与说理才是关键。一开始我常被某些戾气过重的人和事搞得生闷气，但渐渐地，我也意识到，无论当事人、律师还是法官，都应当尽量平和理性地面对纠纷。

## 第三课：不放过任何一个细节

几乎每个星期合议庭的三位老师都会对案件进行合议，我也有机会亲自参与并汇报案情。长达几十页的审查报告，经验丰富的老师们能在短短几分钟内找到案件的关键问题所在。撰写审查报告时自己偷懒而忽略的问题，总是被老师们轻而易举地发现，被提问时心脏怦怦狂跳，好在老师们宽容，总会耐心告诉我应当从哪些方面入手对审查报告加以完善。记得某一次合议，一位老师就合同中关丁交付的条款提出了质疑，本觉得没有什么问题的案件又足足讨论了一个多小时。

当然最细致的工作莫过于整理案卷。理清材料放置顺序、标页码、贴条、拆钉子、检查签名……这些工作看似简单，却常常可以耗费你一整个下午的时间和精力，一不留神，就要重新来过。看过两次归档检查，老师一页页校对的细致让我站在旁边瑟瑟发抖。“不放过任何一个细节”，这是我在三巡学到的第三课。

## 第四课：努力努力再努力

比合议案件更精彩、更能学到知识的是主审法官会议。在明亮庄重的会议室内，三巡的各位主审法官围坐一桌，就疑难复杂案件进行探讨。平日里亲切和蔼的老师们，在讨论案件时却总是犀利和坚定的，会议室里争论不断、气氛热烈。每位老师都有着自己独到的见解，从法理、法史等理论谈到实践中的个案公平、社会效果，他们对问题的理解与阐述常常让困惑的我豁然开朗。每次听完主审法官会议，都像打了鸡血一样告诉自己今天要好好学习，多多钻研。

由于案件数量的不断增长，除了白天八小时的辛苦工作外，各个团队的灯光也常常亮至深夜。晚上加班到十点倦意来袭时，总能看到同楼层其他办公室的灯一盏盏都还亮着，从主审法官到书记员再到实习生，大家都在勤勉地工作。主审法官周伦军老师有一句名言——“年轻人两点之前睡觉是可耻的”，在实习生中口耳相传，虽然每天都在“可耻”中沉沉睡去，不过平日里偷懒时想到这句话还是有些害怕。

## 僵　局

回想在三巡半年的点滴片段，第一个跳入脑海的就是办公室里四个实习生的集体哀嚎。三四月份有雪瓜、露露，五月开始又有 Mock 和彪哥，幸运碰到了这些好伙伴，让自己的实习生活从来不缺少乐趣和欢笑。当然，欢乐归欢乐，调皮的事虽也干过一些，但工作时的每个案子还是要好好写的。无奈有些案子实在太难太复杂，我们几人常常一同深深叹气，“怎么办，我陷入了僵局……”“天哪，当事人到底在说什么”“啊啊啊，你们快来帮我看看，这到底是什么法律关系啊……”“我不写了，我真的写不下去了（昏厥）”……推门进办公室，可以看见或皱眉或托腮或仰躺或趴桌的四个人，在案卷材料中挣扎，努力翻着各种法条、寻找各类案例，时不时还会激烈讨论一番，那就是A408室了。实习结束后再想起这些片段，记忆时而模糊时而清晰，哀嚎和争论的声音忽远忽近，但可以肯定的一点是，每一个案子，我们都是用心且认真地在写。

## 反　差

三巡门前有条小河，河水浅浅流过，两边却筑着高高的堤坝。一次看见几条狗兴冲冲地跑入河中，想要泡个澡游个泳，却默默从河中站了起来，水深盖不住腿，于是兴趣索然地跑回堤坝。四周居民夜晚常常在堤坝上散步，牵着手的夫妻、母女、姐妹、爷孙，还有一人带着三四条狗的，大家悠闲地聊天散步，这画面常让我感觉原来生活可以这么平静无争。但想想不远处的三巡院内，积聚着各类纠纷，不满、争吵、怨念和委屈是主旋律，院内院外相差不过百米，却被堤坝相隔，每天发生的情感和故事天差地别。晚上在河边散步时，常会生出一些感慨，也许是同一个人的生活，前一天还如院外，恬淡无忧，过一天就可能和他人对簿公堂，愁恨交加。也许是不同人的生活，有的人一辈子平平静静，拥有体贴的家人、顺心的工作，而有的人却不幸地和家人、朋友闹翻，为了房子、钱款走上漫漫诉讼路。生活不可测，不如就享受当下吧。

## 看得见的时光流逝

2018 年 3 月，我们进入三巡时，院内还只有人来来往往，四五月天气渐渐转暖，每晚听见猫叫，颇为恼人，从一只到两只。等到六月的时候，母猫的肚子一天天大了起来，大家开始习惯了两只猫的存在，每天摸摸它们，喂点剩菜剩饭。等到七月，大家兴奋地告知彼此，办公楼外的纸箱里，多了五只可爱的小猫，于是每次经过时总忍不住多看几眼，某日还看见王旭光副庭长蹲在地上，边拍照边嘀咕小猫一点都不配合。等到离开三巡的时候，小猫们胆子渐渐大了起来，草丛里奔来跑去，两只大猫则每日要赖躺在食堂门口，等着大家投喂。总感慨在三巡的半年，时间过得太快，好像还没体会出个味道来，实习就要结束了。但日子的确是一天天在流逝，看看院猫这一家子的组建和壮大，就知道自己想抱怨时间无情也没有道理了。

# 感　恩

絮絮叨叨的废话说了许多，但不得不写、不得不感谢的是在三巡陪伴我、帮助我、教导我的人。感谢主审马老师和其他各位老师，不仅教会我案件处理方式，更让我懂得为人处世的道理。记得某日下班时碰到周老师问了几个问题，第二天周老师还特意把相关的论文和书籍拿给我看，又感动又深受激励。感谢法官助理曹哥，在我撰写审查报告不知所措时，无数次耐心告诉我如何解决问题。半年来遇到各种困难时，总可以像个小孩子一样屁颠屁颠跑去找亲切体贴又能干的曹哥，因为曹哥笑眯眯地总是有解决办法。感谢半年来几乎每天24小时和我待在一起的室友Miss Circle，主业法律、副业“算命”，以减肥为梦想、以美食为精神支柱，我会一直记得那些被我催着赶着飞奔向食堂的早晨，记得偷吃过零食顺带探讨下艺术的午后，也记得晕乎乎躺在床上听着歌讨论人生却总是以无解结束的深夜。感谢雪瓜、露露、Mock和彪哥，庆幸自己运气很好，碰上了投缘的伙伴们，天南海北地聊天，无厘头的吐槽，吃龙虾喝奶茶看电影一样不带落，办公室里不会总觉得沉闷乏味，这半年正因为有了你们，才有了每天迅速成长还能咧嘴大笑的我……总之总之，感谢团队里的每一个人，感谢一起实习的每一个人，感谢三巡的每一个人，让这段实习充实而又有趣、温暖。

每天早上七点出头准时醒来的时候，会觉得三巡的生活还在延续，但开学之后新的生活、新的情绪纷至沓来，记忆很快被冲得七零八落。总算断断续续写完这篇文章，感谢自己没有半途而废。希望这篇文章能不时提醒自己别忘了这段珍贵的时光，也不忘学习法律的初心。

# 浦珠北路 88 号的那些人，那些事儿

法律实习生 王波*

《涅槃经》里用盲龟遇浮孔比喻佛法难闻、人身难得，但在人数多如恒河沙的婆娑世界，人与人之间的相遇也是一件不可思议，妙不可言的事。

离别欢送会上，王旭光副庭长让我们各用两个字来描述对法院、法官及法律人的看法。如果没来三巡，我可能会不假思索的说出几个形容词。但从春寒料峭的三月到暑气渐消的九月，在三巡生活了整整半年。这半年里发生了太多太多的事，认识了那么多有趣的灵魂，此时再让我用简单的两个字形容这个大院以及这个大院里的人，着实为难。半年，足以让我对这里的一切有了更加丰富而立体的认识：三巡于我不再只是最高司法机关巡回法庭这几个高端大气却冷冰冰的字眼，这里的法官们也并不再是想象中不食人间烟火的形象，

---

* 王波：上海财经大学法律实习生，2018 年 3 月至 9 月在第三巡回法庭耿宝建审判团队担任实习法官助理。本文写于 2018 年 9 月。

这个大院以及院子里的人早已走下了神坛，走进了我的心里。

在三巡的 6 个月，我最熟悉的是六楼行政审判团队的耿老师以及耿审团队里的哥哥姐姐们。耿老师是我的带教老师，也是我的师兄，我俩都毕业于西北政法的行政法学院（原法学三系）。老师从事行政审判工作多年，业务能力极强，审理过多起在全国都极具影响力的案件。未见面时，以为老师会不苟言笑，古板严肃。接触后才知道，原来在法庭上不怒自威的老师，私下里总是笑嘻嘻的，特别平易近人。老师下班的时候，总会在走廊里吹起欢快的口哨或轻声哼些小曲儿。遇到我们在办公室开小差，偷偷吃零食，老师也不会批评我们。而是说，吃什么好吃的呢，给我也来点儿。据七楼的金老师说，以前在本部的时候，老师还会骑着老式的自行车，一前一后驮着金老师和另一位小姐姐，出去找馆子，吃午饭。希望自己以后也能有机会坐上老师的自行车后座，在三巡的大院里也转一圈，威风一把。

在耿审团队我还有幸认识了一位可爱的姐姐，我的老乡孙姐！从身高来看，孙姐是一位典型的青岛大嫚，但性格一点儿也不像北方来的姑娘。倒是像江南水乡来的大家闺秀，性格温润如水，说话轻声细语，办事儿不急不躁。我们俩人都不擅长以言辞表达自己，但接触久了，可以清楚地感受到孙姐待人的体贴与真心。在三巡的 6 个月，我做过一次手术，孙姐术前术后暖心的问候和照顾，使我在异乡感受了家的温暖。

健哥虽然6月才来，但我们很快就成了合拍的饭搭子！好脾气的健哥从来不介意我跟他抢吃的。虽然自己盘里的鱿鱼没几块，也舍得让我把它们全都夹走。当然，作为交换，我盘里的虾也都很大方的给了健哥。

铁打的团队，流水的兵。6个月来，团队的成员已经换了好几波，我也因此结识了一群个性鲜明的朋友。团队元老大气又大方的元祝哥、森系加佛系的美少女邱瑜姐、我的校对“老师”刘娜、同我一起来三巡，动不动就开车的老司机礼崧哥和20世纪80年代金曲库、尬舞天后Marry姐，五角场老乡、对“桔色”念念不忘的王蔷姐，辩才无阂、永远充满活力的的任老师，以及团队的萌新二海哥、杭州籍香港实习生小艺。当然，还有团队的“大内总管”，让我快速成长的殷老师。



最后，也是最重要的是很幸运能在三巡认识了于露姐。我俩是老乡，性格相投，方言也能无缝对接，因此一见如故，很快就成了无话不谈的好朋友。于露姐是个要强掐尖的人。为了完成工作任务，经常加班到晚上十点多。为了减肥，长期坚持不吃早饭和晚饭。不仅如此，每天还同我沿着朱家山河和长江暴走，运动量大到我都吃不消。但是坚持了几个月，她的体重好像并没有什么变化。我一度怀疑她是晚上饿得受不了，偷偷地吃东西了！ 在南京的六个月一直受于露姐关照，跟着她蹭了很多饭，认识了很多新的朋友，比如说跳舞棒棒哒的丁一哥，白衣天使钟弋姐。虽然，以后不能每天和于露姐见面了，但是约好了还要继续蹭于露姐的迪士尼门票一起去玩啊，等她在刘集儿结婚的时候我要以娘家兄弟的身份出席啊！

你瞧这些白云，聚了又散，散了又聚，人生离合，亦复如斯。最后就让我用金庸《神雕侠侣》里的一段话结束这篇有些矫情的文章吧！一贯走逗逼搞笑路线的我确实不适合写这种煽情的东西啊。

# 告别三巡

法律实习生 周德轩*

在三巡的实习经历，是宝贵又充满收获的。短短三个月有余，仿佛刚适应这里的工作生活，就到了和大家告别的时刻。这是我经历的最难忘的一次实习，很高兴能够在三巡为最高法院的审判工作作出一点微小的贡献。在这里，我感受到了大法官们的专业素养和对工作认真负责的态度，得到了团队中老师和同事热情的帮助，体会到了最高人民法院为实现“让人民群众在每一个案件中体会到公平正义”而付出的努力。回顾这三个多月来的工作与生活，有骄傲，也有遗憾；有收获，也有不舍。

实习期间的工作是繁杂而需要仔细应对的。我还记得初来时，帮助书记员一起整理案卷，修订页码，虽然看似简单，但容不得一点马虎。更为主要的工作内容是针对当事人的再

---

* 周德轩：南京大学法律实习生，2018 年 5 月至 9 月在第三巡回法庭马东旭审判团队担任实习法官助理。本文写于 2018 年 9 月。

审申请撰写审查报告。在我经手的案子中，有不少重大疑难的案件，从中能够感受到地方法院为解决纠纷所付出的智慧，也能够感受到司法实践中遇到的困难。在我看来，工作中最考验自己的部分是参与合议庭的合议工作。不仅要求对案件的事实问题和法律争议非常熟悉，还要在短时间内将问题表述清楚，并接受法官们的询问。主审法官考虑的方向是细致全面的，合议讨论的内容涵盖了从法条到法理、从个案正义到司法政策的不同方面。对于刚刚入门法学的我而言，这一切让我获益良多，学会了从不同的角度考虑问题，厘清复杂案件中各方当事人的关系。在许多案件中，一个焦点法律问题的讨论就足以写成一篇内容详实的法学论文。经过三个月的锻炼，我不仅接触到了以前从未接触过的建筑工程和证券虚假陈述案件类型，而且在勇气和表达能力上得到了锻炼。

在这里，能够真切感受到法律的生命并不仅仅局限于条文，而是生动地运行在司法实践中。有幸能够参加马东旭老师负责的案件的询问、调解和庭审过程。观察法官们如何掌握庭审节奏，让诉辩双方充分发表意见又防止庭审过于冗长；如何归纳争议焦点使得双方的辩论更有重点；如何安抚当事人的情绪，使当事人表达诉求，感受到程序正义……所有的这一切，都是需要经验和技巧的，都值得我们钻研和学习。在询问和庭审过程中，有几位律师严谨的逻辑和良好的口才也给我留下了深刻的印象，他们充分发挥出了优秀律师应有的作用。

在三巡实习期间，我们还参与了巡回法庭组织的各种活动。例如，“主审法官讲党课”活动，从不一样的角度和丰富的个人经历让我体会到共产党员在司法活动中发挥的先锋模范作用；“主审法官讲业务”，为从事不同方向的审判工作提供了许多专业的帮助，给予实习生们非常多新的知识；太极拳活动，让我们在忙碌工作的同时，不忘记身体健康；“与香港实习生的交流活动”，不仅让我认识到我国多法域中法律规则与法律文化的差异，也让我们与来自香港的法律学生结下了深厚的友谊。

很感激的是，我所加入的团队，是一个团结互助友爱的集体。主审法官马东旭老师和蔼可敬，总是强调我们在工作过程中要注意细节，完善文书中的每一处表述。在讨论案件的过程中，我总是能从马老师的发言中汲取新的思路和灵感，帮助我更好地将在学校中学习的知识运用到实际的审判工作中去。在工作之余，马老师也非常关心我们的学习和生活，与我们分享自己的故事，用他年轻时支援边疆的经历告诉我们，年轻人要不怕苦，敢于到祖国最需要的地方去实现自己的人生价值。法官助理曹健老师亲切可爱，耐心地回答我们在工作中遇到的各种问题，指导每一项任务的完成。他用温暖的态度对待我们每一个人，是我们亲切的曹哥。书记员刘伟腊姐姐认真负责，在面对烦琐复杂的各项工作时仔细严谨，也为我们的生活给予了很多帮助。第二批实习生中的侯初晨同学，在我来到三巡时，热情地跟我们分享她在这里的所见所闻、无私地向我传授她的心得体会，在许多案子的讨论上给予我宝贵的意见。

在巡回法庭，让我印象深刻的不仅有老师同事们的专业素养，还有他们严谨踏实的工作态度。这里的工作有时也是艰苦而充满挑战的。案件数量庞大、类型繁多、疑难复杂。我见过许多次，主审法官们因为开庭而错过午饭，老师们为了案件的充分合议而讨论到晚上，办公楼里总是有人加班到深夜。巡回法庭全体成员的辛勤付出，为了实现“让人民群众在每一个案件中体会到公平正义”这一目标而不断努力，都让我感受到法院职业共同体所特有的情怀。

对于自己而言，我觉得我在三巡的时间是成长迅速的三个月。在这段时间里，我第一次走出大学校园所营造的舒适区，亲身在我国最高等级的司法机构里从事以前没有机会接触的工作。在这里，我遇到了许多专业知识丰富、工作严谨负责的老师和同事，也收获了不少友谊。我想我会一直记得马东旭主审老师还有曹健法官助理对我的关心和照顾，会一直怀念同一个办公室中一起工作加班的伙伴们，会一直珍惜这段在三巡实习工作的日子。人生很长，离别总是难免的，我会继续带着从三巡学习到的工作习惯和精神面貌面对今后的学习和工作，祝福在三巡遇见的所有人都能一切顺利，希望大家身体健康。“寒更承夜永，凉夕向秋澄；离心何以赠，自有玉壶冰”，诸君珍重！

# 三巡偶记

法律实习生 曾小艺*

## 桃源乡

三巡地处长江北岸，远离市区喧嚣，为工作人员提供食宿，又有小菜园与便利店，加上健身房和KTV，俨然一方小世界。在这个由三幢楼隔出的小世界里，每个人进进出出，为了心中的正义与理想，坚守在这个园子里，也守在了通往理想的路上。

在三巡的官方微信公众号上有一篇颇有雅趣的文章，《耕耘的司法人生———最高人民法院第三巡回法庭菜园记》，描绘了三巡的干警们一起改良土壤，挑选种子，培育秧苗的经历，“不弃业，不下乡”，拥抱自然，共享田园之乐。其实三巡在我心中正是这样的一个理想乡，所有的法官和司法辅助

---

* 曾小艺：香港城市大学法律实习生，2018年7月至8月在第三巡回法庭耿宝建审判团队实习。本文写于2018年8月。

人员扎根巡回区，在这一方山水中潜心学术，对我国的法治建设不断进行深入探索。众人放弃了城中的喧嚣与繁华，远离故土，也摒弃了律师的争胜之心，来到这片司法改革的试验田，从最初开始，点滴积累，面朝黄土，不断耕耘。

## 初　遇

彼时我们刚刚到达三巡，只见一排法庭的工作人员站在大堂欢迎我们，使我们更加惶恐不安。是综合办臧震副主任和静薇姐友好亲切的笑容抚平了我们心中的不安，他们将精心准备的实习手册递给了我们，详细介绍了我们日后的实习安排，我们也赶忙挂上了三巡的工作牌，心里顿时感觉有了底气。第二天中午，臧主任还特地带我们去采购生活用品，请我们吃了南京著名的鸭血粉丝汤和小笼包。热情而体贴就是我们对三巡的第一印象啦！

当晚，王旭光副庭长，带教法官老师们和综合办的叶卫民主任就和我们进行了一次简单的座谈，带我们了解了三巡的一些基本概况。我们了解到，最高人民法院巡回法庭，又被大家亲切地称为“百姓家门口的法庭”，是贯彻落实十八届四中全会提出的全面依法治国、维护司法公正目标的重要举措之一。2016 年 12 月 28 日，南京第三巡回法庭正式成立，管辖“四省一市”，即江苏、浙江、福建、江西和上海。据王庭长介绍，巡回法庭的设立是司法改革“重心下移”的体现，使人们可以在当地解决纠纷而不用千里迢迢赶到北京，大大提升了司法效率。就我们好奇的司法责任制，叶主任也解释道，过去院庭长审签文书的制度，致使合议庭的意见可能会得不到充分尊重，而司法责任制落实后，合议庭的作用得到了充分的发挥，真正做到了让审理者裁判。另外，司法改革也取消了立案审批制，解决了“立案难”的问题，帮助当事人解决纠纷，充分尊重了人们的诉讼权利。

除此之外，我们还了解到，三巡受理的案件数量非常大，仅 2017 年就有 2803 件案子，每位主审法官人均 232 件，其中约 65% 是行政案件，29% 是民事案件，5% 是刑事案件，本以为这些数字已经很惊人了，未料到 2018 年，只是上半年的数据就已经达到了案件总数 2041 件，其中最多的依旧是行政案件，占到总数的 66%，另外还有 28% 的民事案件与 6% 的刑事案件。因此，每个法官团队，尤其是行政团队，案件多，压力大，每个人都忙得很。另外，现在内地法院的规范化、制度化、信息化水平也使我们大为惊讶，审判流程公开、庭审活动公开、裁判文书公开、执行信息公开的四大平台，开放、动态、透明、便民的司法机制都切实地保障了人们的知情权、参与权、表达权和监督权，确确实实地促进了司法为民、公正司法的能力，弘扬了法治精神。

## 学术交流

三巡的学习氛围非常浓厚，在繁忙的审判工作之余，大家都会阅读各式各样的书，不仅涵盖了我国古代的法律成就和法律历史沿革，还包括日本和美国等其他国家的法律书籍。用周伦军老师的话来说就是“古今中外”，既要纵向了解法律在历史上的变革，又要横向吸取其他国家的经验。像耿宝建老师就每周攻读至少两本学术书籍，王展飞老师也有好几箱子的书。在三巡，所有的法官都不满足于自己现有的知识，在取得了相当成就的同时还在不断学习，充实自己，这也带动了整个三巡良好的学习研究风气，达者为先，无论长幼职称。

在我们刚刚来到三巡的第一个工作日，就遇到了三巡定期举办的“主审法官讲业务”活动，王晓滨老师以“行政法治建设与行政诉讼司法改革”为主题进行专题授课。他从历年来推进行政法治的标志性举措与司法体制改革的若干重大议题切入，详细阐释行政诉讼法的修改特点、创新、现存问题与司法改革中涉及行政诉讼的相关改革重点，而且还结合了他多年审判实践中的实例经验对相关问题进行重点分析，也对相关制度的构建、完善提出思考建议。从他的授课中我感受到了《行政诉讼法》的确立和发展，在强化司法监督行政、促进法治政府建设方面所发挥的重要作用，而新《行政诉讼法》的修改，则进一步推动了行政诉讼制度的发展和完善，取得了显著成效。

当天晚上，王展飞老师和周伦军老师的团队还举行了一次小型的交流会，内地的实习生袁野就他的毕业论文《核威胁下预防性自卫时紧迫性标准的认定标准》作了一次报告。实际上，一开始我连这个题目都没怎么看明白，周伦军老师和王展飞老师也开玩笑说连题目都不会读。尽管涉及的是我们未知的国际公法领域，袁野同学却讲得十分清楚，时长近3小时却毫不枯燥，引人入胜，让我们对近年的国际热点朝核问题有了一定的国际法知识储备。

在之后的一个月内，大大小小的交流活动不断，所有的带教老师都结合专业法律问题，以他们丰富的学识为我们带来了一堂堂内容详实的讲座，王旭光副庭长关于庭审的思路和方法的介绍，虞政平副庭长有关巡回法庭未来发展的思考，耿宝建老师对于国有土地上房屋征收制度与判例的介绍，汪军老师有关大陆民事诉讼管辖的讲解以及其他各位老师的分享，都着实让人受益匪浅。

实习的最后，在耿老师的鼓励下，我也做了一个关于香港土地征收制度和司法裁判的报告，从香港法律来源、土地征收合法性、三大土地征收制度、土地征收制度实施状况四个方面为大家介绍了香港的土地征收补偿制度和一些相关法律问题。因为时间有些仓促，很遗憾未能将报告做得更加完善，也希望以后还有机会和大家多多交流。

## 实习工作

在这一个月里，耿老师不时叮嘱我去旁听询问、听证、庭审和授课，还让团队的大家多给我一些任务锻炼，像核对裁定书，参与起草和检阅审理报告，引导当事人，归档整合等，无论事情大小任务难易，我觉得都是我宝贵的学习机会。

在巡回法庭，主审法官会议制度无疑是一项特色鲜明的创新，所有的主审法官聚在一起讨论审判实践中遇到的法律适用疑难案件。在这次实习中，我最期待的也莫过于每次的主审法官会议，老师们各抒己见，围绕着同一个问题发表各自的看法，在观点的碰撞和激烈的交锋中将道理越辩越明。

最令我印象深刻的是 2018 年 7 月 31 日的主审法官会议。其中有一个陈某诉某房地产公司的案件，该公司当初为了发展一块房地产，向包括原告在内的当事人募集了 1000 万资金，其中原告出资 300 万，合同中约定自此原告占该土地项目 30% 的股份，到期如果盈利，原告享有 30% 的收益，如果亏损，则亏损部分全部由该公司承担，原告可以拿回 300 万的本金。合同还规定了原告有责任一直管理该项目，但是决定权在该公司，并且该公司有权“壮士断腕”出售该项目。项目开发初始结果不佳，所以有几人退出了该项目，该公司甚至被卖给了另外的新老板。在新老板继续投资了几千万后，该项目终于盈利，获得了几个亿的利润。此时原告根据合同，向新老板索求 30% 的利润。这个案件复杂的地方在于，合同的起草和签订都较为不规范，当事人之间的关系难以确定。有法官认为，如果原告不承担任何可能的亏损，则该条款说明了当事人之间非是投资关系，而是借贷关系；也有法官认为两者之间应该是投资合同关系，只是有一个保底条款；还有法官认为两者应该是合伙关系，只是后来其他人退出了该项目，用行为解除了合伙关系（原一、二审法院还讨论过该项目是否是非法集资的问题）。在几轮激烈的讨论后，多数法官的意见都是认为不能支持原告分得利润的诉请。在众多的不同观点中，我更偏向虞副庭长的观点，即在旧老板卖掉公司时，该项目事实上已经终止，根据原合同中“壮士断腕”的条款，已经卖给了新老板，原告可以获得卖出时的利润的 30%。但晧邦却不同意我的看法，他认为法庭不该过度干预，既然合同上规定了原告应得的收益，就应该支持原告的诉请，这是双方合同中非常清楚的意图，法庭不该干涉；并且这属于新老板自己的失职，在购买该公司时未聘请律师和审计员，未做尽职调查以致遭受损失。我们两个的观点截然相反，一方认为法庭应对不公平的结果进行干预，一方强调合约双方的意图，合约的强制性以及买卖公司中的尽职责任，或许这就是大陆和香港两地法律观念的不同了吧。在我的观念里，法官更有种“父母官”的含义，是人文的，关怀的；而晧邦则是典型的普通法下的我国香港特别行政区法律观点，认为法官是中立的，不能偏帮任何一方，即使是面对较为弱势的当事人，也不能插手干预，必须尊重合同中清晰体现的当事人原意，尤其是当事人自己未履行应当义务时。我们两个的观点不能说谁对谁错，但是我还是相信，在现在的中国，尤其是法治观念还有待进一步加强，法律也应当有一定的主观能动性，为当事人考虑，体谅当事人的难处和不足。

## 前缘犹可续

记得第一天见面，耿老师就亲切地说我的实习时间太短了，想让我试着多参与几个案件，又把我叫到办公室，送了我一箱水蜜桃，两大本书，还在书上写了对我的寄语，把我正式介绍给了团队的大家，真是荣幸、开心极了。在这一个月里，通过与老师和团队的交流，我获得了许多职业与学术上的指引，豪爽的于露姐，好脾气的张健哥，美丽大方的王蔷姐，体贴会照顾人的孙姐，可爱的马锐姐，观点鲜明的任法官和勤奋的殷勤哥都把我当作了团队一员，像指导亲近的晚辈一样给予我鞭策与鼓励，要走了，真的很舍不得大家！

从上海，苏州，无锡到杭州，叶主任，臧主任和静薇姐、王雪姐、韵真姐，贝贝姐在这段时间一直陪着我们，尤其是小姐姐们，和我们同吃同睡，经常到我们的办公室和我们细细说明今后的安排，在游学时也一直照顾我们，让我们的实习生活异常充实。真的非常感谢综合办的大家！

身为三巡人，我们对三巡的爱与敬都来自三巡人的认真与可敬，是三巡人让我们感受到“法官”这一职业是那样的神圣，那样的令人鼓舞。在这一个月里，我们都融入了各自的团队，认识到了一个案件是怎么一步步从当事人的手里，从书记员到法官助理，从审理报告到合议庭决议再到最终结案归档的。我们有幸能参与其中，亲身体会，从法院的角度去思考问题，分析案件，为了自己心中的正义而不懈奋斗。

来到三巡，我们才真正感受了司法改革的决心，感受到裁判的公平正义，明白每一份判决书与裁定书都是审判团队心血与智慧的结晶，更是让我们对中国的法治建设充满了信心。实习结束了，我们的缘分却不会结束，我们会继续关注三巡的消息，对新闻里出现的熟悉的名字露出最温暖、柔和、怀念的微笑，我们会一边学习着法律，研读着判例与司法解释，想起不眠的三巡与这个夏天温暖的风。在今后的职业生涯中，我们也会坚持心中的正义，不忘初心，勤奋耕耘，在香港，在南京，在北京，或在祖国的任何一个角落，仰望星空，脚踏实地。

# 山水金陵，行在三巡

跟案助理 赵霖昕*

夏末初秋之际，江南弥漫着丝丝暑气，我有幸沿着长江而上，从魔都上海来到古都南京，从基层法院跨越了3个审级，开始了最高人民法院第三巡回法庭学习之旅。

三巡期间，我协助白雅丽法官审理行政案件。时光仿佛眨眼而过，闻过了丹桂飘香，见过了红枫遍野，听过了白雪初融。初来乍到的期待，投入工作的忙碌，闲暇之余的欢笑，一幕幕场景历历在目。离别时恋恋不舍之情，收获后满怀喜悦之心，交织着对未来的憧憬，对法治的信心。

## 一幅画——“法佑江山”

犹记得报道的第一天，踏入浦珠北路88号大门，走进办

---

* 赵霖昕：上海铁路运输法院行政审判庭法官助理。2018年9月至2019年1月参加第三巡回法庭“跟案培训”计划，在白雅丽审判团队工作。本文写于2018年1月。

公大楼，一幅“法佑江山”水墨图映入眼帘，绘出了三巡巡回区的美景。

在这里，旧时王谢堂前的燕子，飞跃雄伟壮丽的南京长江大桥；兴业路石库门中微弱的灯光，化为东方明珠塔璀璨的光芒；一勺西湖水中的三潭印月，印出了阿里巴巴的大门；南昌城中第一声枪响，燎起了井冈山的星星之火；走过宁德下党崎岖山路，也忘不了永定土楼中的特色风情。红日之下，长城之南，三巡巡回区是我国经济最发达的区域，是国家重大发展的核心区域。

美丽画卷绘出的是秀美风光，“法佑江山”寓意着法院人任重而道远的拳拳之心，描绘法治，向往法治，寄托法治，实现法治。



## 一句话——“保护当事人的合法权益”

“保护当事人的合法权益”，来到三巡后，这句话时常在我耳边响起。

对于三巡行政主审法官而言，每年审理六七百件案件，案卷盈几，朝乾夕惕，公平正义是他们不忘的初心。三巡的法官将“保护当事人合法权益”的情怀展现在办案中，注入于平时的悉心指导，以身作则，润物无声。

白雅丽法官教导我：“在这里，有些案件经过审查，从程序上驳回当事人的再审申请并无不当，但是关于实体上当事人的权利保护，依然要进行了解，如果发现当事人的权益确实受到损害的，要尽力开展协调工作，争取能够实质化解矛盾。”平实的话语，缓缓道来，透露出“一枝一叶总关情”。

合议庭评议时，对于法官助理汇报的案件，合议庭成员不忘询问“征收后的补偿是否到位”“本案在实体上是否具有可保护的利益”。

法官对我草拟的文书逐一修改，字斟句酌，精益求精，不漏过一个标点符号，还附赠修改理由大礼包，“句子太长不便于阅读，表述不精确且不通顺，可能引发歧义”“理由论述逻辑不够清楚，从案件查明的事实无法直接得出该结论”“该理由与最高院其他生效案件裁判不统一，尽量避免此类情况”……

裁判文书承载了案件，并非每个案件当事人都有机会面对法官，但每一位当事人都能拿到裁判文书。白雅丽法官要求，其与法官助理、书记员需将裁判文书先后校对6遍，方能向当事人送达，用严谨细致、责任在我的态度，确保文书正确无误。法官的公正追求、为民情怀、无限智慧跃然于点滴之间。

## 一份情——共同助力，携手共进

三巡是一个勃勃生机的地方，是一个其乐融融的大家庭。团队化的模式，我们共同助力，携手共进。

篮球赛场上，队员们步伐矫健，挥汗如雨，带球上篮动作流畅，比分节节上升，场边助威声此起彼伏，为双方队员一个个帅气的进球叫好，友谊第一，比赛第二；精心创作，相互配合，以《浴火重生的人民法院，绽放在新时代的巡回法庭》为题，共同吟咏一首配乐诗朗诵，赞美应运改革而生的巡回法庭，献礼改革开放40周年；拟大纲，改台词，勤排练，演一出小品庆祝三巡成立2周年，诙谐幽默间表演出三巡法官和助理的形象，赢得了捧腹大笑和阵阵掌声。还有，午餐后集体园区散步，图书馆一同查阅资料，法院门前河堤边组队夜跑……

在三巡，我们创造了精彩，丰满了记忆，收获了友谊。三巡收获的深厚的情谊，冲淡了离家的忧愁，滋生出迷人的温暖，长留心间，回味无穷。加班至月淡星稀时，走出办公楼回望，仍有诸多办公室灯火通明，照亮着三巡园区；旁听主审法官会议，法官们各抒己见，观点碰撞擦出智慧的火花，横看成岭侧成峰；小菜园中株株绿苗长势喜人，藤蔓缠绕瓜果垂落，案牍之余来此小憩，心情舒畅……

感谢三巡的开放性、包容性、多样性、高端性、严谨性，给予了我近距离感受中国司法最高殿堂的机会，给予了我一段绚烂的人生体验。

山一程，水一程，金陵江畔初相逢；风一更，雪一更，逐梦法治行路人……

# 和三巡的 180 天

法律实习生 刘亚川琦*

## 与三巡的相遇：小粉丝的愿望终于实现

作为中华人民共和国最高审判机关，最高人民法院以维护宪法法律尊严为己任，秉持司法为民之理念，致力于构筑法治社会基础，构建公正高效权威的司法制度。作为一名法科学子，最高人民法院于我来说，就是一个遥不可及的地方。每时每刻的努力都只为离它近一点，再近一点。因为第三巡回法庭的到来，那个曾经高高在上的中华人民共和国最高司法殿堂距我不再那么遥不可及，司法改革的推进与实施，不仅为百姓家门口送来了最高法庭，更为我送来了法律的良师益友。

2017 年 5 月 22 日，怀着对“国家最高审判机关”“最神

---

* 刘亚川琦：南京师范大学法律实习生，2017 年 5 月至 11 月在第三巡回法庭虞政平审判团队担任实习法官助理。本文写于 2017 年 11 月。

圣的法律殿堂”的无限崇拜，我走进了浦珠北路 88 号。虽有多次法院实习经历，然而法律于我而言，还是书面上的各种理论，司法裁判于我而言，更多的还是冰冷的法条和刻板的案情，是大前提、小前提到结论的机械推理，实践中的法律运作还是我们这些法学研究生批判的话题，而在 180 天的实习中，发现原来的自己不过是纸上谈兵。

## 与三巡的相识：一切都是最好的安排

从得知自己有机会进入第三巡回法庭作为首批法律实习生开始，我便陷入了兴奋与忐忑之中，兴奋的是自己何等幸运能够得到这次实习机会，忐忑的是自己能不能担得起这份工作，这种纠结的心情一直持续到我来到第三巡回法庭。正式进入三巡，是在 2017 年 5 月 20 日，这个特别的充满爱的日子，记得当天的签约及欢迎会上，主审法官以及各位领导谈到如何成为一名真正的法律人，对我影响甚大。作为一名法科学子，仅仅拥有法律基础是远远不够的，我们更需要结合司法实践，多角度、多层次、多方位的理解何为法。正如江必新副院长所说的，法律实习是法科学子成长为法治人才的必修课，我们实习生要充分利用来之不易的实习机会，努力实现破茧成蝶的飞跃和提升。

入院后的培训教育没能彻底平复我初次踏入最高审判机

关的激动，在被分派到虞政平主审团队后，我也尚未确切理解我的工作与职责，但是被法官助理夏哥带到办公室后，看着堆积如山的案卷和密密麻麻的文件，我突然不再兴奋或忐忑，因为我明白了“让人民群众在每一个司法案件中都感受到公平正义”的背后有多少辛劳与无怨无悔的付出，我也懂得“法律实习生”不是一个名词一份荣誉，而是一个嘱托一份担负，自己唯有踏踏实实尽心尽力才能对得起肩头的责任。

## 与三巡的相知：愿做法律路上的朝圣人

正如“三巡”二字中不仅有一个“三”，还有一个类似三个人的构造，充分体现了三巡以人为本的做事风格，同时力求让人民群众在每一个司法案件中感受到公平、正义。来到三巡的短短 180 天，我接触了不同岗位的工作人员，有庭领导、主审法官、接访人员、法警等，他们虽在不同的岗位，但在与他们的沟通交流中，我看到了他们心中的法治理念。庭领导参与办案，并且不干涉任何案件的进程，在他们身上，我看不到行政干涉司法为何物；主审法官认真地对待每一个案件，充分阅读案卷材料，合议庭可以为一个案件讨论七八个小时，在他们身上，我看不到因结案压力带去的草草了事；接访人员尽心的对待每一个上访群众，倾听他们的诉求，且耐心的疏导，从根本上解开上访者心中的疙瘩，在他们身上，我看不到因上访者众多而不耐烦、不理睬；法警认真的进行安检工作，保障庭审的顺利进行，在他们身上，我看不到因为担心自身安危而逃避、躲闪。作为还未毕业的实习生，我深深地被每一个三巡人感染。

## 与三巡的相别：离开是另一种形式的开始

实习的时间过得这么快，一切变化发生得那么自然，我庆幸自己抓住了这一次实习的机会，更欣喜于这半年来不知不觉的成长。实习即将落下帷幕，无论我们是否愿意，都要说一声:“再见了，三巡”。也许主审法官们会微笑的告诉我们，这一次分别和我们漫长人生中一次次不可避免的分别相比不算什么、不用在意，但是我在意。因为，我人生中前24年最美好的、最有意义的180个日夜都留在这里。感谢主审法官对我们的耐心指导，他们不仅给了我们宝贵的法律知识及思维，更珍贵的是，因为你们，我们开始懂得学习如何在精神层面上理解“法治信仰”；因为你们，我们时刻保持着认识的清醒和进步的动力。对我来说，三巡不仅仅是一个法庭，还是一场美好的回忆，一种奋发的精神，无论我们身在何方，我定会铭记自己是三巡人。

180天的相遇、相识、相知，让我得到的绝非仅仅是法律实务技能的提升，更有法治信仰以及法治理念在我心中疯狂生长。还记得席慕蓉说过："人生像攀登一座山，而找寻山路，却是一种学习的过程，我们应当在这过程中，学习稳定、冷静，学习如何从慌乱中找到生机。"虽然现在的我还是一个尚未毕业的法科学子，虽然现在的我力量还尚未强大，但青年是推进中国法治梦的主要力量，作为三巡人，我会保有内心对法治的信仰，一步一步地努力，坚持不断完善自我，减去身上的稚气，加上成熟；减去心态的浮躁，加上稳重；减去意识的懈怠，加上勤勉。终有一天必定能够实现中国的法治梦，中国的复兴梦。

# 一日为三巡人，终身为三巡人

## ——第三巡回法庭实习工作总结

法律实习生 余泽浩[*]

时光如箭，岁月如梭，转眼间，来到三巡已近半年光阴，现在仍然能回忆起寒假收到实习通知时的激动和忐忑。激动的是来三巡实习，不仅仅是一次提升自己的机会，更是一次零距离接触甚至亲身参与中国法治社会建设进程的机会；忐忑的是，在这“国家最高审判机关”中，我能不能顺利的完成实习任务，担得起这份工作，不负法律的庄重与威严？怀着以上交错的情绪，2018 年 3 月 5 日，我踏入浦珠北路 88 号，开启了此次朝圣之旅。

### 初入三巡

刚到不久，三巡就举行了一场隆重而不失温馨的欢迎

* 余泽浩：南昌大学法律实习生，2018 年 3 月至 9 月在第三巡回法庭虞政平审判团队担任实习法官助理。本文写于 2018 年 9 月。

会，会上王旭光副庭长语重心长地指导我们如何成为一名真正的法律人。这次讲话对我有很大启发，作为一名法科学子，仅仅拥有法律的理论知识是远远不够的，我们更需要结合司法实践，真正理解法律在生活中起到的作用及目的。会上王旭光副庭长还对我们说道："一日为三巡人，终身为三巡人。"我想，这既是对我们的期待，亦是给予我们的责任。当时我便暗下决心，一定要圆满完成各项工作任务，不负"三巡人"之名。

来三巡的第二天，我就拿到了人生中第一份真正的案卷，法官助理夏哥告诉我，看完之后要写一份审查报告给虞庭长。审查报告的写作是我本次实习中接触最多的工作。对于最高法院的法官来说，书面审查尤为重要，只有在看见了一审、二审的判决书、再审申请书、答辩意见书以后，才能慢慢形成案件的事实框架以及如何处理案件的思路。还记得写第一份审查报告的时候，我把案卷中所有材料一页不落地看了几遍，对照着审查报告的模板看了好几次，直到内心对于案件有了一个初步的判断后，才敢开始着手尝试写了"承办人意见"，并完成一篇完整的审查报告。夏哥看过后指出了我存在的问题并给我提了很多宝贵的意见，比如说再审申请人的申请理由总结得不够简洁明了，争议焦点总结没有跳出二审思路，承办人意见的说理论证不够充分，且内容过于口语化，法言法语使用的不够熟练等。结合夏哥给我提出的几点意见，我把他之前写过的一些审查报告拿出来继续琢磨，研究法言法语的表达以及总结的方法。修改完成后又读了好几遍，觉得没有问题了才交给虞庭长，不料他从中仍旧发现了一些问题，又对我的审查报告提出了一些要求和修正意见。这一份审查报告我前前后后修改了四次，才最终提交合议庭审议。经过这样反复的锻炼，慢慢地我也找到了属于自己的思路，文书写作逐渐成熟，老师们所做的修改越来越少，当涉及一些疑难复杂案件时，也让我自己拿主意。这样一个锻炼、学习的平台，对于我们这些法科学子而言可谓弥足珍贵，极大地提高了我们的司法实践能力。

## 学在三巡

在三巡实习期间，我有很多机会旁听案件合议、询问、庭审以及参加一些研讨会。每次主审法官会上，听主持人总结案情都是一段潜移默化的提升过程，他们总是能将枯燥而复杂的法律关系立体化、清晰化，简单化。犹记第一次参加主审法官会议时，聆听 13 位主审大法官对同一个案件从不同角度发表其观点，每个观点都让我觉得受益匪浅。慢慢地，我开始学习他们分析案件的思路和方法，以及如何综合考虑多种因素来实现案件处理结果的公平正义。虽然一开始我就明白面对疑难案件，不可能有一个确切的结论，但是我总还是认为，一定会有一个法律框架内的最优解，只要能熟练地掌握法律，解释法律并了解法律背后的精神，对于案件我们就一定可以给出一个最好的答复。然而，面对纷繁复杂的案情，面对有血有肉的当事人，当真实的疑难案件摆在眼前，我才发现所谓的最优太过武断。司法裁判远远比我们想象中的复杂，我们需要考虑案件的特殊背景，需要考虑裁判作出以后的社会效果等等，每一份判决都蕴含着法官的心血和思量。

在三巡，我还有幸旁听了《民法典》物权篇的编纂研讨会议、三巡辖区内高院民商事会议等多次研讨会，从中汲取了大量法律适用方面的知识。最让我兴奋的就是旁听《民法典》物权篇的编纂研讨会议，作为一名法科生，能亲身感受法律的制定讨论，对于深入理解立法者原意、更好的运用法律，是可遇而不可求的机会。之前，我们只能从法学课本或法典中，看到制定好的法条，却不能知道每条法律制定的原因、目的，在法律适用的过程中难免存在不足。而旁听过这次会议之后，我对法律的制定与实行有了更加深刻的了解，也为我将来对法律的理解和使用指明了道路。

巡回办案是巡回法庭不可或缺的工作之一，调查取证以及出差阅卷的工作也是审判团队的日常。一开始以为去出差就是出去旅游，十分开心。然而去了上海后才发现出差的两天时间里，除了办案根本没有时间看风景，最大的感受就是2/3的时间都在车上，剩下1/3的时间都在调卷办公。在参与调卷等程序性工作时也体会到了法院工作的不易，一个案件从开始到结束，每一份证据、每一份报告都需要谨慎保管，不能有一点疏漏，这其中凝聚了法院人多少的心血啊！而法院在老百姓心里越来越有公信力，正是每一个法官、书记员及综合部门工作人员用自己的心血铸就的。

## 心系三巡

“三巡”二字中有一个包含三个人的“巡”字，三巡的做事风格也充满了以人为本的气质。这种气质不仅体现在力求让人民群众在每一个司法案件中感受到公平正义上，亦体现在食堂后面的自种菜地、食堂门口总是满着的野猫的食盆、当月过生日同事的集体生日派对里。我永远无法忘记三月份生日的那一天。我本来打算自己给自己庆生，但中午却收到了会举办首次集体生日派对的消息，有幸成为了站在台上的寿星之一，食堂也特意准备了长寿面等食物，那时内心的感动实在无以言表。见微知著，三巡以人为本的精神体现在每一个细节上，这也是我热爱三巡，以“三巡人”身份自豪的重要原因。

实习过程中，最为触动的还是三巡人对于法律工作的尊重和执着。看不到行政干涉司法为何物，看不到因结案压力而对案件随意应对。每一位主审法官都认真对待承办的每一个案件，合议前充分阅读案件材料，合议时，可以为一个案件讨论一整天，只为了人民群众看到判决书时绽开的笑颜和竖起的大拇指；书记员们任劳任怨，细心的记好每一次笔录，做好每一份应诉材料，对当事人的要求，能做到的总会尽力去做，对于不合理的请求，也会耐心解释。他们所做的很多都是非常琐碎而又不可或缺的程序性事务，但在他们身上，我看不到一丝的不耐烦。作为一名还未毕业的实习生，我深深的被每一个三巡人感染，暗下决心以后一定要像他们一样，为我国法治社会的建设贡献自己的一份微薄之力。



## 难别三巡

时间总是调皮地从指缝中悄然流逝。半年时光，听起来不短，过起来却如弹指一挥间。仿佛昨天才踏入三巡庄严的大门，而转瞬就要离开了。但在三巡的近两百个日日夜夜，将永铭我心。我很庆幸自己能抓住这一次实习的机会，亦欣喜于自己这半年来的成长，但无论是否愿意，都要与三巡道一声别。也许正如各位老师们所言，这一次道别只是为下一次重逢做准备，但内心的感激和不舍，久久不能平息。对我来说，三巡不仅仅意味着法律的最高殿堂，更是一次心灵的洗礼，一次灵魂的蜕变。无论以后身在何方，我定会铭记自己是三巡人。唯愿重逢之日可期，再推盏言欢。

于三巡半载的光阴，对于我这样一名由商科转入法学的学生而言，得到的绝非仅仅是法律实务技巧上的提升，更是心灵上一次对法律殿堂的朝圣，对法治信仰的培养。一日为三巡人，终身为三巡人，我以这个身份而骄傲，亦明白其重量。屈原有云，“路漫漫其修远兮，吾将上下而求索”，这次宝贵的三巡实习经历，一定是我在未来漫漫长路上的指路明灯，指引我为中国特色社会主义法治社会的建设，奉献自己的力量！

# 忽然之间

## ——半年工作情　永远三巡人

法官助理 崔乾*

“不知该从何说起，时间在悄无声息地流逝，涌上心头的满腹言语消失得无影无踪，但我还是无法约束自己的心，一天比一天更喜欢你。”就像自己最喜欢的这首《东京爱情故事》主题曲唱的那样，我与三巡的缘分与感情也好似歌名《突然之间发生的爱情》，突然接到通知来三巡报道，突然转换角色从事新的工作，突然与一群优秀的法院人邂逅，共同度过了 7 个月的时光，而这段时光却是永远铭记于心的难忘人生瞬间。

第一次认识巡回法庭还是在读研究生期间，在校图书馆的法学杂志上看到最高人民法院第一、第二巡回法庭挂牌成立的报道，当时看着最高人民法院的法官们在国旗下庄严宣誓照片的自己，一定没想到数年后居然真的和巡回法庭有缘

---

* 崔乾：江苏省南京市中级人民法院主任科员。2016 年 12 月至 2017 年 8 月借调至第三巡回法庭，在综合办公室工作。本文写于 2017 年 7 月。

相会了！当接到组织通知要赶赴三巡借调工作时，第一感觉是喜悦，而后就是一阵担忧，担忧自身能力不足，不能胜任三巡的工作要求。怀着这样复杂的心情，我与三巡的感情故事开始了。

“欢迎来到最高人民法院第三巡回法庭工作，感谢各位借调的同志来帮助我们工作。”王旭光副庭长对我们刚报到的同志说着这样温情的话语，让我们新来的借调人员与三巡的距离一下子拉近了不少。之前没有接触过最高法院的法官和工作人员，对于他们有着遥远的神秘感，所以在刚开始工作的几日，我利用一切机会与他们多接触，多沟通，想尽快了解最高院的工作特点。“其实我们日常的工作也不是多高深莫测，关键是要统筹好，高质量的完成。”综合办主任叶卫民看出我有些急于适应新的工作环境，就耐心地传授我工作诀窍，综合办副主任臧震更是在具体工作中对我进行细致有效的指导和帮助，综合办另一位副主任林谢宏也在生活保障方面对我十分的照顾，整个综合办，整个三巡就像一个亲密无间的大家庭一样，所有人都在为履行好巡回法庭的职责而奋力拼搏。

现代社会节奏加快，人与人之间的距离看似很近实则很远，人们都在为生活和理想而忙碌。或许是因为在三巡的大家都是远离了原本的生活环境，这里有着职场中难得的温馨环境。三餐同食，胜似百年同船；早晨朝露中，聊着昨日的生活趣事；正午阳光下，漫步在法庭南门外的河堤上；晚霞映衬里，劳碌后的释然洒脱。这样日复一日的累积，属于三巡人特有的温情就这样萌发、升华，成为每一个三巡人内心最珍视的一部分。

冬、春、夏，三季与三巡的故事很多。想以一首小诗来纪念一下过去的七个月。

窗外飘雪夜归前，伏案墨尽工作文。

春色飞燕入眼帘，奋笔疾书堆稿件。

蝉鸣电闪望云渊，回顾半载多情愁。

月有圆缺仙为宫，四季有三已知足。

有开始就会有道别，与三巡的感情当然不会随着借调期的结束而消失，虽然也有着许多遗憾，但这段突然之间发生的感情故事将会永远占据一片心田。站在审判大楼前，仰望着国旗与国徽，阳光照耀着理想与信念，三巡，谢谢你！

# 忽然的半年，刚好的别离

## ——记在三巡工作的时光

书记员 周志兴*

回到宿舍，打开电视，正着手写这篇“心得体会”，恰好看到正播放着中国政法大学毕业生的相关视频……毕业生们笑容洋溢的脸庞，让人们充分地感受到他们对新生活的向往：啊！毕业了，即将步入社会开始为梦想而奋斗，一展抱负了！同样即将从三巡“毕业”的我，却有着不同的感受：毕业未至，离殇先起。心中满满是离愁别绪，但也知道终究免不了别离，因而忧伤中又带着一份“宽慰”——“传承不绝，天涯比邻”。不知不觉，在三巡的借调时间已然半年，形象地说，是“忽然的半年”。在三巡的半年，于我来说注定是一段不平凡的日子，我将铭记、感恩这段美好时光，因为它已成为我青春的一段完美注脚。

* 周志兴：江苏省南京市高淳区人民法院法官助理。2016 年 12 月至 2017 年 8 月借调至第三巡回法庭，在白雅丽审判团队工作。本文写于 2017 年 7 月。

## 回忆初来之景

一个特殊的日子。2016 年 12 月 28 日上午，最高人民法院第三巡回法庭在最高人民法院周强院长和江苏省委书记李强的共同揭牌下正式运作，我的心情万分激动！不仅是因为近距离接触这么大的领导，更是因为在不经意间我已身处司法改革的前沿、见证司法改革的扬帆。巡回法庭的设立，是党中央作出的重大改革部署，也是人民群众的殷切期盼，更是最高人民法院为了“更好的满足人民群众的司法需要，让法律的权威、公平正义在群众身边以看得见的方式实现”的目标而努力的真实写照。

一堂别样的课。在三巡挂牌成立的当天下午，最高人民法院党组副书记、副院长、第三巡回法庭分党组书记、庭长江必新及时地为我们讲授了一堂党课辅导报告，在这次讲课中，江院长不仅以过来人的身份教育我们如何做事，同时也以长辈的身份教诲我们如何为人。江院长提出的“以担当诠释忠诚，以铁规确保廉洁，以公正演绎公信，以严谨彰显作风，以革新争先创优，以团结共铸辉煌，以勤奋谋求进步，以文明丰富生活，以健康快乐人生”的九点要求和建议，对我触动很大，江院长的这堂课为我在三巡期间的工作、学习及生活提供了丰厚的精神食粮，也为我未来的工作、学习及生活指点了迷津。

## 感受过程之美

在三巡的这半年时间，我处处能感受到“三巡人”之美，他们共同构成一幅美丽无比的画卷：

暖心如法警同志。三巡的法警同志始终秉记“做好解释，做好服务”的宗旨，有效地把好安全工作第一道防线。因为法警工作的特殊性，他们总是第一时间面对来访群众。在三巡的来访群众中，会有一些对法院工作不是很理解的群众，在来访时对法警进行谩骂，而三巡的法警始终能够耐心劝解，积极照顾引导，平和当事人的情绪；正是因为这样，三巡成立到现在，从没有发生过一起恶性事件。此外，接待来访群众过程中，三巡的法警总是很暖心。一次，有一位老人家因路途较远中午没有回家，三巡的法警特地为他买了午餐。还有一位上海的老人家被家人“不小心”遗留在三巡，仍旧是三巡法警将老人家送到上海，并联系到老人的家人，对此，这位老人家的家人特地写了一封感谢信。

耐心如接访法官。到巡回法庭申诉的案件一般比较疑难、复杂，案件当事人见到接待法官就会说一审、二审法院哪里不对、哪里存在问题，甚至有些当事人还会把怒气、怨气发泄在接谈法官身上，抵触情绪较大。此时就需要接访法官注意自己的言行举止，尽量用平和的语言、方式来解决主要矛盾，保障接访顺利进行。而我有幸跟着白雅丽老师做了两个月的接访工作。白雅丽老师在接待当事人时始终保持微笑，在对当事人的称呼上一直都用“您”以示对其的尊重，并安抚其情绪，努力引导当事人归纳其认为的争议点和不服裁决的理由，使接待工作得以顺利开展、完成。在接待工作中，我看到了最高院法官的耐心、细致和智慧，这也深深地触动了我：在三巡，当事人的情绪平稳了，对法律和法治的信心更多了。

尽职如主审老师。三巡的夜晚，始终都有着“繁星”，这些“繁星”不是来自浩瀚星空，而是来自三巡主审们的各个办公室。由于三巡的辖区为江苏、上海、浙江、福建、江西五省市，其案件受理数自然排在最高法院各巡回法庭前列。由于受理的案件多，总是能看到三巡的主审老师在点着闪闪“繁星”，或是翻阅卷宗或是写裁判文书或是合议案件……“职责所系，使命所需，想工作之所想，急工作之所急”是三巡每个主审老师对自己的要求，也是他们践行法治事业“不忘初心、继续前行”的一种具体体现，更是为了“让每一个人民群众在司法案件中感受到公平正义”的最终目标而一丝不苟、兢兢业业地奋斗。

## 刚好别离之悟

人与人的缘分很奇妙，有时相聚，有时别离，相聚别离总是刚刚好。才刚刚拥抱相聚的时光，瞬间就迎来了别离的时刻，让人期盼却又无可奈何。作为成年人，我们总不喜欢别离的伤感，但终究逃不过别离的时刻，此时我们要学会看淡别离，因为我们彼此拥有曾经相聚的美好时光；我们要学会看淡别离，因为世间最美的别离只为下一次相聚；我们要学会看淡别离，因为无论距离是近是远，我们的记忆彼此相连……当我们学会看淡别离后，我们就会好好珍惜即将别离的这段时间，就会在别离的时刻用最灿烂的笑容祝福彼此。当我们学会看淡别离后，我们就会知道无论是相聚还是别离，都曾陪伴着我们走过成长的每一步。相聚别离总是刚刚好，相聚的时候好好珍惜，别离的时候真诚祝福……

时光荏苒，半年已过，感恩在三巡的这段时光和经历！虽然我们来自不同的省份，但是在这里我们有着共同的信仰，在这里我们共同克服困难，在这里我们共同收获快乐……写到此处，脑海中想起童安格的一首歌——《把根留住》，三巡是我“司法之根”初长的地方，我将时刻牢记江必新副院长的嘱咐、不忘白雅丽老师的教诲，铭记我母校“志存高远，责任为先”的校训，做一名优秀、健康的法律人。唯此，才不负韶华，砥砺前行，在我国的司法建设中贡献自己的一份力量。

# 金陵之梦 梦圆三巡

法官助理 潘琳*

2016年12月28日，一个现在想起来仍然激动人心且难忘终生的日子，最高人民法院第三巡回法庭在这一天成立。作为三巡成立时借调的第一批法官助理，我也有幸见证了这一伟大而神圣的时刻。我与南京，与三巡的两年之缘也就此开始。

从没想过两年的时间是如此短暂，要和三巡说再见的日子，离绪千种，期待着下一次重逢。在三巡成立那天，江必新副院长给三巡全体人员上了一堂内容丰富而生动的党课，从做事、为人等各个方面对三巡人员提出了具体要求和规范，江院长说，两年的时间很短暂，要好好珍惜，让我深深地感受到一位令人深深尊敬的法学前辈身上散发的那种学富五车的气质和个人修养方面的自律、严谨和感染力。

---

* 潘琳：上海市第一中级人民法院法官助理。2016年12月至2018年12月借调至第三巡回法庭，任张爱珍审判团队法官助理。本文写于2018年11月。

总结这两年的经历，映入脑海的更多的是工作和生活中的点点滴滴。夜晚灯火通明的办公楼，热烈讨论和分析案情的主审法官会议室，来访当事人高声阔论的诉服大厅，丹桂飘香的三巡机关大院，硕果累累的小菜园，以及风景优美秀丽的珍珠泉，所有这一切，都将在一个月以后成为回忆。离别之前想到和看到亲切的事物，是那么的不舍。

离别的时候，最想说的话就是感谢。我深深地感谢在这两年里的所有人和事，庭领导悉心的呵护和关怀、张爱珍主审法官耐心的教导和指正、各位主审法官无私的帮助和鞭策，各位同事的陪伴和支持……这两年是紧张而又忙碌的两年，也是充实而又满足的两年。两年来，我收获的不仅仅是法律知识和技能，同事友谊和战友感情，还学习了三巡宽广的视野和奋斗精神，总起来说，不虚此行。

张爱珍主审法官是一位专业功底非常深厚而又认真细致耐心的优秀法官，有幸成为她的助理，在她的悉心指导下工作两年。还记得 2016 年 12 月在最高法院本部参加法官助理选拔面试的时候，当看到王旭光副庭长、虞政平副庭长以及各位主审法官威严而又亲切地坐在对面时，内心紧张而又忐忑，激动而又兴奋。初次面对如此庞大的最高法院法官队伍，心里充满了荣幸，更荣幸的是有机会继续与各位庭领导和主审法官们并肩战斗两年。两年来，张爱珍老师几乎每个工作日的晚上都加班到深夜，她的专业和敬业精神让我对最高法院法官从理想中的仰慕变为现实中的钦佩。两年来，数不清她对报告和文书进行了多少次细致的修改，也数不清她对我进行了多少次耐心的指导和教诲。

总结自己在三巡的两年，最重要的是学会了沉下心来，耐心和细致的工作。三巡案件数量大，需要每一位主审法官、法官助理和书记员都投入百分之百的努力，沉不下心，耐不住寂寞，都是三巡工作所不能容许的。在张爱珍老师十分严谨的工作态度的影响和带动下，两年来，我逐渐提高了对自己的要求，尽量做到细致、周全。在审查案件过程中注重案件的每一个细节，在文书写作中保持严谨和认真，时刻提高自己的责任意识。选择到三巡做法官助理，是信仰法律、崇尚正义使然，也意味着平凡与责任。我认可、尊重这种责任感，并将在以后的工作中继续贯彻和执行。

别离的泪水，为记忆的长河增添新的浪花；别离的祝福，为再一次相聚拉开了序幕。我将继续加倍珍惜留在三巡的这段日子，并祝福三巡，祝福三巡的每一位庭领导、主审法官和同事，期待与你们再次相聚在古老而又美丽的金陵南京，相聚在庄严而又亲切的第三巡回法庭！

# 三巡两年随感

法官助理 李洁 *

转眼之间，已经到了 2018 年的“双十一”，离三巡两周岁的生日还有不到两个月，意味着我们两年的借调期也接近尾声。其实，此时尚无暇说告别，因为系统里还有几十件案件处于未结状态，已结案件也有送达、文书上网、卷宗整理等后续工作没有全部完成，所以感受到的并非是离愁别绪，而是年底结案的紧迫感，以及期满前清案的压力。不过还是在双十一的夜晚花一点时间来回忆一下两年的巡回时光，算是为将来的自己留一份纪念。

## 懵懂的开始：北京之行

2016 年的圣诞节是在北京度过的，面试、培训、出行前的动员会，在两三天的时间内紧凑地完成，培训完的夜晚裹

---

* 李洁：江苏省镇江市中级人民法院法官。2016 年 12 月至 2019 年 1 月借调至第三巡回法庭，任周伦军审判团队法官助理。本文写于 2018 年 11 月。

着羽绒服坐着大巴车，从院本部回到国家法官学院，穿过灯火通明的天安门广场，心中充满对未来的不确定。那时候自己很傻很天真，并没有顾得上想自己能不能胜任最高院法官助理这个角色，只是在前任助理的介绍中隐隐感觉到接下来的两年将会非常辛苦，那两天我们聚在一起讨论最多的是会不会每天晚上都加班。在此后的两年里我经常会想，如果当初就知道最高院的要求如此之高，估计我压根就不敢报名，只能说是无知者无畏，所以有时候掌握全面的信息并不是做出正确决定的必要条件。

## 绕不过去的话题：加班

在三巡的第一年，住在珍珠泉宾馆，离上班地点大约有15分钟的车程，每天尚有上下班的概念，工作和生活能从地理位置和心理上进行切割。虽然每天加班，但是晚上9点半左右，通常就呼朋引伴，召齐一车人回珍珠泉。那时候大家经常在会晚饭时分约车，有车的同志得记住已经有几个人约车了，车上还有没有空位，否则万一人数算错了，就要承担一位多卖的违约责任。没搭到顺风车的同志可以选择走回去顺便锻炼一下身体，或者约上几个落单人员一起约个快车。回珍珠泉的路上是大家一天中最放松的时刻，叽叽喳喳，你一言我一语，交流最近的工作进展，或者偶尔发个牢骚，彼此调侃一下，纾解一天来积聚的压力。

第二年公寓建好了，我们都搬到了办公楼边上的公寓楼里居住。生活条件比在珍珠泉有了质的提高，不过生活、工作也进入了快车道。因为第二年的案件数量相比第一年增幅较大，大家都不约而同地把路上省下来的时间用来加班。第二年的时间在一波波借调助理、跟案助理、实习生来来回回中飞逝，转眼就到了年底。

## 快乐的三人小组：小花饭团

在三巡的生活，工作和加班是主色调，可是也会有一抹亮色，就是有几个可以推心置腹的好朋友。民事团队的三个女助理，很快因为业务上的一致性，以及长相上的相似性走到了一起。我和小魏因为都扎着一把马尾辫，戴着眼镜，长着一张人畜无害的面孔，所以经常被大家误认。刚来的时候王庭长就几次把我们俩搞混，以至于我们俩见到领导恨不能先来个自我介绍。私下里我们常常调侃，如果不小心干了坏事，就报对方的名字。住到公寓后，一日三餐都在食堂吃，我们三个也养成了相互约饭的习惯。后来小刘同学率先组团，把散乱的饭友纳入了组织当中，在确定群名称的过程中，小刘同学也充分发挥了她文艺女青年的禀赋，拿出给孩子起名字的认真劲，定了小花饭团这个充满了自我夸赞的群名。不过关于长相相似性的问题，并没有就此结束，反而愈演愈烈，小金来了之后，也认为我跟她长得超像，并且这一说法也得到了其他人的认可，一次在食堂的时候，对面的助理一直盯着我看，几次欲言又止，许久之后他终于说，我想问你是不是小金，我霎时觉得生活很魔幻。于是，我得出了一个结论，可能我们是有三巡面相的。在两年期限届满之前，小刘同学接连把她的人生大事给完成了，三人小组变成了四人小组，我们偶尔会逗一下那个还在孕育中的小生命，猜想他/她将来会不会记得我们的声音。

除此之外，三巡还有幽默风趣又不失威严的领导，难以望其项背的主审，南腔北调的各地借调助理，充满朝气的法律实习生……一切很快将成为过往，可是这两年也将成为我们人生中浓墨重彩的一笔。

# 阳光照进回忆里

## ——关于三巡的那些日子

法官助理 孙越*

英国文学家托马斯·布朗说过："你无法延长生命的长度，却可以把握它的宽度，无法预知生命的外延，却可以丰富它的内涵。"两年的光阴在漫长人生中如过隙一瞬，唯有三巡的借调经历让其充盈饱满。回忆如宝藏，不想被深埋，愿有一束光照亮，引领我未来的路程。

### 志合者，不以山海为远

#### ——三巡初印象

人生就是这么神奇，前一天你还在南方的艳阳天里吃着火锅唱着歌，后一天就接通知去大雪纷飞的北京"总公司"面试了，甚至来不及带上一条秋裤。从接到最高院的借调报名

---

* 孙越：福建省泉州市中级人民法院民事审判第二庭法官。2016年12月至2019年1月借调至第三巡回法庭，任仇晓敏审判团队法官助理。本文写于2018年11月。

通知到巡回人员面试通过赴各地就任，前后也就七八天时间。

世间的所有相遇都是久别重逢，冥冥之中总有一只手在牵扯那原本不关联的命运。巡回法庭的组成人员中，除了最高院本部人员，更多的是像我这样的从天南海北借调到最高院的下级法院工作者。为了共同推进祖国的法治事业，为了奋战于司法改革的最前沿，为了追求法律专业的精进等，联结我们的是法律人单纯的理想。确认过眼神，我们都是追梦人。我们本在千里之外的平行宇宙中各自奔忙，而如今，三巡让我们的人生轨迹在南京交织，碰撞出来的必定是不一样的烟火。

2016 年 12 月 28 日，南京的天空难得蔚蓝如洗，温暖纯洁的阳光洒在法庭的各个角落，最高院第三巡回法庭正式揭牌，周强院长掀起红绸那一刻，既像挥舞一杆大旗，又如扬起一面风帆，中国司法改革的一段重要航程由此开启。

## 风华正茂沐春风，盎然生机恰少年

### ——与三巡共成长

工欲善其事，必先利其器。三巡承担着我国经济最发达、人口最稠密的华东大部分地区的案件终审重任，没有一套高效规范的工作机制，难行寸步。大到法庭的建章立制、角色定位，小到各个审判团队的内部分工，少有前人经验可循，只能在实践中不断摸索。

记得三巡初创时，上上下下都是热火朝天，每个人的脸上都写满拼搏与闯荡，一如少年模样。两年来，在江必新副院长、王旭光副庭长等领导的带领下，三巡上下齐心、群策群力、齐头奋进。我们建立了主审法官接访机制，真正把最高院放到群众的"家门口"，让最高院的法官与来访人员面对面"望闻问切"；我们践行了内部机构极简化的扁平化管理设置，若干法官团队独立审判，综合办总揽后勤工作，诉讼服务中心负责接访立案，三大部分围绕审判工作为中心各司其职；我们审判团队内主审法官与法官助理的衔接分工日渐成熟，合议庭的拼组完成民事、刑事、行政的跨界三合一尝试，主审法官从单科精英发展到全科大夫；更有主审法官会议让来自最高院的实务大咖们畅所欲言，各种观点在那里碰撞，专业知识的火花在这里精彩绽放，一件件疑难复杂的法律问题在这里迎刃而解。

值得一提的是三巡对干警的人文关怀。在工作之余，我们有红色教育之旅，有其乐融融的联欢会，有让人酣畅淋漓的篮球赛、乒乓球赛、有环境优雅的图书馆和休闲活动室等等，每次干警的生日总会收到无数祝福。三巡的政法干警多是离家远行奋战在审判工作前线，我们相逢相遇相知，三巡的温暖使我们感情升华，工作更为高效，我们累并快乐着。

在严肃、紧张、团结、活泼的氛围下，三巡的各项制度完成从无到有，从初创到成熟的蜕变。审判主业更是取得骄人成绩，成立两年共收案6324件，结案5884件，结案率为93.04%，在六个巡回法庭中名列前茅。而我所在的“刑事小分队”也不落人后，两年来团队在主审法官仇晓敏的领导下，审结各类案件338件，结案率100%，将数件可能存在错误的案件指令下级法官再审，更是审结最高法院首件当庭宣告无罪的“耿万喜诈骗案”。

此间二年，亲历三巡的一步步成熟壮大，有幸参与其中，我所经历的不仅是审判业务能力与知识的增长，更是将谦抑、审慎、善意、担当融到司法理念，将砥砺前行拼搏奋斗刻进思想品格的成长历程。



## 嗟余听鼓应官去，走马兰台类转蓬

### ——候鸟型法院工作者感言

人世间所有的光辉灿烂都要用寂寞来偿还。巡回法庭取得成绩的背后，不仅有巡回人员身在异乡的孤独坚守，更离不开“巡回家属”的无私奉献。我们在本该安于现状的年纪选择奔波倥偬，在最应陪伴家人的年华里却投身外面的世界。南京到泉州，相距千里，在工作与家庭之间往来穿梭，成了候鸟一样的法院工作者，然而雁去衡阳不过一年一来回，我们却是一月数回，主审法官仇晓敏更是每周必回，每月在动车飞机上飞驰数十小时，我们的身影在高铁站里寻常见，凌晨的晋江机场成了最熟悉的风景（令人绝望的航班时间与准点率）。

巡回法庭的工作人员基本是有家有室的中青年干警，离家千里之外，舍“小家”为“大家”，家人不仅分担了我们的家庭责任，更要默默吞下离别思念之苦。以我为例，我的爱人怀胎八月为我送行踏上南京巡回之旅，难忘她眼里的不舍与我转身的沉重，或许这就是“既想让你留在身边，又不想阻挡你去看外面的世界”吧。我女儿在巡回期间降生，我爱人与年迈的父母承担了培育女儿与顾理家庭的全部重担，而我却大多数时间只能远远地看着，通过手机视频见证女儿成长，看她长高变美，看她大口吃饭，看她甜美地进入梦乡，看她嬉笑打闹，看她笨拙地第一次走路，看她咿呀学语，听她第一次喊爸爸……大多时候，我并不在她身边。

梦想无关年纪，却有关家庭，通往理想的光明彼岸，离不开家人的负重前行。陪伴是最长情的告白，而我这两年亏欠家人太多太多，难以回报，唯余生更珍重。

## 凡是过往，皆为序章

时光如一指流沙，天下没有不散的宴席，再不平凡的岁月，待到离别回首时也不过匆匆如也。两年很快，2019 年 1 月 10 日，三巡迎来第二批工作人员，而我们这些“创始成员”也于 1 月 11 日之后陆续离开。

天下没有不散的筵席。交接工作很紧凑，原以为深情的告别变得稀稀落落，说好的一醉方休只剩下分手时的淡月微云，或许简单匆忙的分别才是冲淡离愁的最好方式。

挥手自兹去，萧萧班马鸣。明日隔山岳，相逢未定时。也许重逢在杨柳戚戚，也许重逢在雨雪漫天，但不管阴天还是晴天，愿相逢如初见，能痛饮高歌，能诉尽衷肠，友情天长地久。

过往的一切，皆是未来的序曲，人生没有终章。感谢家人两年来的辛苦付出，感谢最高法院领导两年来的教授指导，感谢泉州中院两年来的关心挂念，愿此间的所思所得伴随今后的成长，成为未来我更努力工作生活的厚实基础与永恒动力！

# 后记



又到了一年岁末，转眼间第三巡回法庭已走过两年。两年来，三巡从无到有、完成初创、步入正轨；两年来，全体三巡人不忘初心、牢记使命，始终坚持以习近平新时代中国特色社会主义思想武装头脑、指导实践、推动工作，认真贯彻落实党中央重大决策部署和院党组部署安排，确保各项工作紧紧围绕党和国家大局开展；两年来，全体三巡人精诚团结、密切协作，不辞辛劳、锐意进取，深耕改革“试验田”，勇当改革“排头兵”，谱写了精彩动人的三巡乐章。

“大厦之成，非一木之材也；大海之阔，非一流之归也。”无论是本部人员、借调人员、聘用人员抑或是法律实习生，不论是仍在三巡坚守的干警、已经离开的同志，还是即将告别的同志，大家都是“三巡人”，都是这曲动人乐章的书写者。大家眼中的每一处景致、笔下的每一段文字、心中的每一份感动，都是乐章里跳动的鲜活音符。因为他们，三巡得以更加生动形象地显现在社会各界人士的眼前。

本书以“初遇”“耕耘”“收获”“回望”四个板块来分类编排大家的心得体会。顾名思义，“初遇”反映最初印象，“耕耘”呈现日常点滴，“收获”记载体会感悟，“回望”记录不舍眷恋。当然，一个人的情感往往是复杂而多样的，在这些心得体会中，初来乍到的兴奋紧张、工作生活的苦乐相交、锻炼成长的收获满满、离别回望的依依不舍等复杂情感常常交织于一起，分类也只能依据文章侧重点的不同而作取舍，但是无论它们在哪个部分，都真情实感地讲述了三巡人的三巡故事。

为体现原汁原味、增强可读性，本书在编辑时，对一些熟知第三巡回法庭的人来说，约定俗成的称谓并未使用全称，而是用了简化为大家熟知通用的称谓，在此特作解释。例如，三巡指代第三巡回法庭，三巡人指代第三巡回法庭全体干警，综合办指代综合办公室，诉服中心指代诉讼服务中心，主审指代主审法官，Cocall 指代最高人民法院内部办公通讯系统，浦珠北路 88 号指代三巡办公地点。

此书的付梓，离不开众多三巡人的齐心协力。编委会就如何编排多次召开会议讨论，大家集思广益、群策群力；内勤小组最大努力收集整理前几批助理、实习生们的心得体会；综合办文字工作小组在文章编排、文字审校方面付出了辛勤劳动；而最要感谢的，是这些用心书写、用心记录三巡故事的三巡人，正是大家对三巡的爱与责任，铸就了三巡的卓越与辉煌，成就了三巡的美好与希望。

“一朝三巡人，终身三巡人。”响应时代的号召，大家缘聚三巡，有了“三巡人”这样一个共同的身份。然而，“三巡人”不仅是大家身上的荣誉标志，更是一份对法律的热忱与坚守、对生活的热爱与承诺。不论是目前在这片司法改革的试验田中辛勤耕耘，还是在未来追逐更加绚烂的法治愿景，“三巡人”这个印记，都是砥砺大家不忘初心、坚定前行的力量！

第三巡回法庭综合办公室
2019 年 1 月

**图书在版编目（CIP）数据**

三巡时光：我的巡回法庭记忆／最高人民法院第三巡回法庭编．—北京：中国法制出版社，2019.11
ISBN 978－7－5216－0502－0

Ⅰ．①三…　Ⅱ．①最…　Ⅲ．①最高法院—工作—中国
Ⅳ．①D926.21

中国版本图书馆 CIP 数据核字（2019）第 189525 号

策划编辑：陈兴（cx_ legal@163.com）
责任编辑：陈兴　孙静　　封面设计：周黎明

**三巡时光：我的巡回法庭记忆**

SANXUN SHIGUANG：WO DE XUNHUI FATING JIYI

编者/最高人民法院第三巡回法庭
经销/新华书店
印刷/三河市紫恒印装有限公司
开本/880 毫米×1230 毫米　32 开　　印张/9.75　字数/132 千
版次/2019 年 11 月第 1 版　　2019 年 11 月第 1 次印刷

中国法制出版社出版
书号 ISBN 978－7－5216－0502－0　　定价：56.00 元

北京西单横二条 2 号
邮政编码 100031　　传真：010－66031119
**网址：http：//www.zgfzs.com**　　**编辑部电话：010－66070046**
**市场营销部电话：010－66033393**　　**邮购部电话：010－66033288**

（如有印装质量问题，请与本社印务部联系调换。电话：010－66032926）